AI와 지역 공동체

인공지능총서

인공지능 시대입니다. 기계가 인간의 인지를 대신하고, 사물이 인간을 통하지 않고 다른 사물과 직접 커뮤니케이션합니다. 이에 따른 인간 삶과 문명 변화를 정확히 이해·예측·대응하는 것은 이 시대 우리 모두의 과제입니다. 인공지능총서는 인공지능 기술과 환경의 여러 주제를 10가지 키워드로 정리합니다. 관련 개념과 이론, 학계와 산업계의 쟁점, 우리 일상의 변화를 다룹니다. 인간과 기술의 현재, 미래를 세심히 분석합니다.

일러두기

- 인명, 작품명, 저서명, 개념어 등은 한글과 함께 괄호 안에 해당 국가의 원어를 병기했습니다.
- 외래어 표기는 현행 어문규정의 외래어표기법을 따랐습니다.

처음이세요?

전문가세요?

AI와 지역 공동체

정용복

대한민국, 서울, 커뮤니케이션북스, 2025

AI와 지역 공동체

지은이 정용복
펴낸이 박영률

초판 1쇄 펴낸날 2025년 8월 18일

커뮤니케이션북스(주)
출판 등록 2007년 8월 17일 제313-2007-000166호
02880 서울시 성북구 성북로 5-11
전화(02) 7474 001, 팩스(02) 736 5047
commbooks@commbooks.com
www.commbooks.com

ISBN 979-11-430-0499-4 03500

책값은 뒤표지에 표시되어 있습니다.

차례

왜 지금, AI와 지역 공동체인가?

인공지능(Artificial Intelligence, AI)은 사회 전반의 구조와 운영 방식을 근본적으로 재편하고 있으며, 그 영향력은 국가 차원의 정책이나 산업을 넘어 지역 공동체에까지 확장되고 있다. 특히 디지털 전환이 가속화되는 오늘날, AI는 지역 경제 구조, 행정 시스템, 공동체 네트워크, 미디어 생태계, 주민 참여 방식에 이르기까지 다층적이고 복합적인 영향을 미치고 있다.

그런데도 지금까지의 국내 AI 논의는 기술 중심의 담론이나 거시적 국가 전략에 편중되어 있었으며, 지역 공동체의 변화와 대응 전략을 다룬 체계적인 연구는 상대적으로 부족한 실정이다. 이는 지역 사회가 직면한 기술적 불균형, 정책적 공백, 사회적 격차 문제를 심화할 수 있는 구조적 위험으로 이어진다.

이러한 배경 속에서 주목할 개념이 바로 AI 로컬리즘(AI Localism)이다. AI 로컬리즘은 AI가 지역 사회에 미치는 영향을 다루는 방식으로, 중앙 정부나 글로벌 기술 기업 주도의 거시적 전략이 아닌 지역적 차원의 규제, 설계, 실행, 책임성 확보를 강조하는 개념이다(Marcucci et al., 2022). 이 개념은 스테판 버훌스트(Stefaan Verhulst)와 모나 슬로언(Mona Sloane)이 2020년 처음 제안한 것으로, 브루스 카츠(Bruce Katz)와 제레미 노왁(Jeremy Nowak)이 제시한 '신지역주의(New Localism)' 이론(Katz & Nowak, 2018)에 기반을 두고 있다. AI 로컬리즘은 도시와 지역 사회 내에서 AI 거버넌스를 다루기 위해 지역 수준의 의사 결정자들이 수행하는 실천적 대응을 의미하며, 중앙 정부의 정책이 놓치는 지역 특수성과 정책적 공백을 메우기 위한 전략으로 부상하고 있다. 즉, 지방 정부와 지역 공동체가 AI 도입의 주체가 되며, AI는 지역의 맥락, 가치, 문화, 거버넌스 구조를 반영해야 하고, 중앙 집중적이고 획일적인 기술 도입보다는 지역 맞춤형 설계와 참여적 규범 설정이 핵심 철학이다.

국가 차원의 획일적 정책으로는 지역마다 상이한 수요를 섬세하게 반영하기 어렵고, 중앙 집권적 의사 결정 방식은 급변하는 기술 환경에 민첩하게 대응하기에 한계가 있다. 이러한 구조적 제약 속에서 각 지역은 AI 로컬리즘이라는 관점 아래 ▲데이터 윤리 ▲자동화 기술 규제 ▲알고리즘 투명성 ▲디지털 포용과 같은 과제를 자율적으로 해결하려는 흐름을 보이고 있다. 궁극적으로 이는 지역 특성에 맞춘 거버넌스를 구축해 주민의 권리와 복지를 보호하고, 한층 더 높은 사회적 형평성을 실현하려는 실천 전략으로 이해할 수 있다.

AI 로컬리즘은 지역이 기술 혁신의 주체가 되어 디지털 전환을 설계하고 주도하는 새로운 거버넌스 패러다임으로 자리 잡고 있다. 따라서 향후 AI 정책은 중앙과 지방의 하향식 위계적 구조가 아니라 지역 기반의 창의성과 실험 정신을 반영한 분산적이고 참여적인 접근이 필요하다.

지역 사회는 국가보다 작고 일상에 더 가까운 단위이기에, 기술 변화가 구체적인 삶의 방식에 미치는 영향은 더욱더 즉각적이고 직관적으로 드러난다. 예를 들어, 지방 정부의 행정 효율화를 위한 챗봇 도입, 지역 농업의 스마트화, 고령자 대상 AI 돌봄 서비스, 소규모 상권의 고객 분석 시스템 등은 이미 AI가 지역에서 실제로 작동하고 있다는 증거들이다. 이처럼 AI는 지역 사회 안에서 다양한 방식으로 적용되고 있으며, 이는 새로운 기술의 채택을 넘어 지역의 사회적 구조와 관계, 공동체의 정체성에까지 영향을 미친다.

또한 AI 도입은 지역 간 격차의 양상을 새롭게 재편할 가능성도 내포하고 있다. 기술적 기반과 인프라, 전문 인력, 정책적 의지의 차이에 따라 어떤 지역은 AI 기반의 디지털 전환을 빠르게 추진하는 반면, 또 다른 지역은 소외되거나 대응에 어려움을 겪을 우려가 있다. 이는 지역 간 디지털 불평등이라는 새로운 사회적 과제를 낳고 있으며, 국가 정책의 일방적 적용만으로는 해결하기 어렵다.

더 나아가 AI는 지역 공동체의 작동 원리 자체를 변화시키고 있다. 지역민의 행정 참여 방식, 공공 서비스 인식, 지역 미디어 소비와 생산의 형태, 지역 정보의 유통 경로 등이 AI의 영향 아래에서 재구성되고 있다. 특히 AI는 중앙-지방의 관계를 재정의하거나, 주민 주도형 거버넌스를 새롭게 설계할 기회를 제공하기도 한다. 따라서 AI 기술의 발전을 '도입'이나 '활용'의 문제로 접근하기보다, 지역 공동체의 가치와 맥락 속에서 그것을 어떻게 '수용'하고 '재구성'할 것인가의 관점으로 전환할 필요가 있다.

이러한 맥락에서 지역 공동체는 AI를 지역의 문제를 해결하고 새로운 가능성을 여는 전략적 자원으로 인식해야 한다. 특히 인구 감소, 고령화, 청년 인구 유출, 지역 경제 침체 등 지역 사회가 직면한 구조적 위기를 극복하기 위해서는 기술과 공동체의 연결을 통해 보다 능동적이고 창의적으로 구성할 필요가 있다. AI를 활용한 행정 서비스 혁신, 교육과 돌봄의 질 제고, 마을 단위 데이터 기반 의사 결정, 지역 언론의 디지털 전환 등은 기술적 시도가 아니라 공동체 전체의 회복력과 지속 가능성을 위한 기반이 될 수 있다.

또한 지역 내 다양한 이해 주체들의 협력과 소통도 중요하다. 지방 정부와 공공 기관, 지역 대학과 연구 기관, 시민 단체, 지역 언론, 지역 기업 등이 AI를 둘러싼 논의와 실천의 장에 함께 참여해야만, 기술이 특정 집단의 전유물이 되지 않고 공동체적 가치를 실현하는 방향으로 나아갈 수 있다. 이를 위해서는 '지역의 언어로 기술을 해석하고', '지역의 리듬에 맞게 AI를 설계하며', '지역의 삶을 중심에 놓고 미래를 기획하는' 새로운 접근이 필요하다.

AI가 지역 사회에 도입될 때, 그 효과는 기술적 적용의 성과에서 지역의 고유한 시간성과 삶의 리듬을 어떻게 고려하느냐에 따라 달라질 수 있다. 프랑스 철학자 앙리 르페브르(Henri Lefebvre)는《리듬 분석(Rhythm analysis)》에서 일상은 일정한 속도로 반복되면서도 동시에 변주되는 복합적 리듬들의 총체라고 보았다. 그는 사회를 이해하기 위해서는 시간의 흐름 속에서 이루어지는 신체의 움직임, 도시의 활동, 공간의 점유 등을 '리듬(rhythm)'의 관점에서 읽어야 한다고 주장한다(Lefebvre, 2013).

이러한 관점은 지역 공동체의 AI 도입 논의에도 유의미한 시사점을 제공한다. 일률적인 기술적 논리보다 지역의 삶의 속도와 감각, 생활의 리듬에 맞춘 기술 설계와 운영이 필요하다는 것이다. AI는 지역의 리듬과 조화를 이루는 실천적 기술이어야 하며, 공동체 구성원들이 기술의 흐름 속에서 주체적으로 재구성해 나갈 수 있는 시간적 틀이 되어야 한다.

AI란 무엇인가

AI(Artificial Intelligence)는 인간 지능의 속성을 합성함으로써 그것을 연구하는 컴퓨터 과학의 한 분야로 이해되며, 지능적 행동을 나타내는 컴퓨터 시스템으로 정의하고 있다(Stanford University, 2016). 유럽연합 집행위원회(European Commission, 2018)는 AI를 "특정 목표를 달성하기 위해 환경을 분석하고 어느 정도의 자율성을 가지고 조처함으로써 지능적인 행동을 보이는 디지털 시스템"이라고 설명한다. AI는 "인간의 지능적 행동을 모방하거나 지원하는 기계적 시스템을 설계하고 구현하는 과학 및 공학 분야"로, 데이터 기반 학습, 인간-컴퓨터 상호 작용, 지능형 의사 결정 지원 등 다양한 현대적 기능을 포괄하는 것으로 설명된다(Cantu-Ortiz et al., 2020).

지능은 단일한 것이 아니라 스펙트럼으로 구성된 개념으로 간주하며, 인간의 지능은 다양성과 융통성 측면에서 추론하기, 목표 달성, 언어 이해 및 생성, 감각 자극에 대한 인식 및 반응, 수학 정리 증명, 복잡한 게임 수행, 정보의 종합 및 요약, 예술 및 음악 창작, 역사 기술 등의 능력을 포함한다(Nilsson, 2009). 이러한 특성 덕분에 인간의 지능은 AI 발전의 벤치마크 기준이 된다. 일반적으로 "과거에 인간만이 수행하던 일을 컴퓨터가 수행할 수 있다면 그것은 AI의 한 형태"라는 규칙이 적용되기도 한다(Simon, 1995). AI는 또한 연구자들이 무엇을 하는가로도 정의할 수 있다. 최근에는 신경망 기반의 연산을 위해 특화된 하드웨어의 개발로 인해 소프트웨어 중심의 연구가 다시 하드웨어와 긴밀히 결합하는 추세다(Merolla et al. 2014).

AI는 알고리즘(Algorithm), 빅 데이터(Big Data), 컴퓨팅 파워(Computing Power)라는 세 가지 성장 요인을

갖고 있다(Paek & Kim, 2021). 2000년대 스마트폰의 보급과 네트워크의 발달로 컴퓨팅 파워가 향상하고 우수한 알고리즘이 등장하며 데이터가 축적되면서 급속도로 발전했다(Russell & Norvig, 2003). 이러한 성장 요인들이 결합하면서 AI 기술의 잠재력은 크게 확장되었으며, 이를 통해 머신 러닝(machine learning)과 딥 러닝(deep learning)과 같은 보다 정교한 학습 알고리즘들이 등장했다. 특히 딥 러닝은 인간의 뇌에서 영감을 얻은 신경망 구조를 활용해 방대한 데이터로부터 복잡한 패턴을 인식하고 예측하는 능력을 획기적으로 개선했다.

또한 오늘날 AI라는 용어는 대중적으로 매우 광범위하게 사용되고 있으며, 때로는 머신 러닝과 동일시되기도 한다. 그러나 AI는 단순히 대용량 데이터에서 예측을 수행하는 것 이상의 광범위한 학습 방법(튜토리얼 학습, 시범 기반 학습, 협업 학습 등)과 기술(언어 생성, 센서 반응, 지식 표현, 문제 해결 등)을 포함한다.

AI는 물리적 실체를 가진 로봇부터, 대화형 인터페이스나 추천 시스템과 같이 물리적 요소가 없는 프로그램까지 포함할 수 있다. 간혹 단순한 알고리즘도 '게임 AI'처럼 지능적 행동을 흉내 내며 AI라 불리기도 한다(Silver et al. 2016). 이에 따라 AI의 정의는 지속적으로 변화하며, 오늘날의 AI도 내일이면 더 이상 AI로 간주하지 않을 수 있다.

현대의 AI는 컴퓨터 비전, 자연어 처리, 로봇 공학, 지식 기반 시스템, 스마트 시티 구축 등 광범위한 분야에 걸쳐 있으며, 디지털 전환과 산업 4.0(Industry 4.0)을 주도하는 핵심 기술로 자리 잡았다(Cantu-Ortiz et al., 2020). 기술 기반 측면에서 딥 러닝과 강화 학습은 AI의 핵심 구조를 이루며, 생성적 적대 신경망(GANs)은 고해상도의 이미지 생성, 의료 영상 증강 등 실제 활용 사례를 증가시키고 있다. 언어 처리 분야에서는 초거대 언어 모델(LLM)이 자연어의 문맥적 이해와 생성 능력을 향상하며 번역, 대화형 응답, 콘텐츠 작성 등 다양한 응용이 가능해졌다.

컴퓨터 비전 분야에서는 객체 탐지 기술(YOLO)과 얼굴 인식 기술이 자율 주행, 감시 카메라 등에서 폭넓게 사용되고 있으나, 개인 정보 침해 및 딥페이크 문제가 제기되고 있다. 게임과 시뮬레이션 영역에서는 인간을 능가하는 AI 에이전트가 등장했고, 자체 학습을 통한 전략 창출 능력이 강조되고 있다.

로보틱스는 산업·서비스 로봇 분야에서 시각 인식과 조작 능력을 진보시켰으며, 특히 팬데믹 기간 중 접객 로

봇의 수요가 증가했다. 모빌리티 영역에서는 완전한 자율 주행 기술의 상용화는 여전히 제한적이지만, 곧 변화의 발전이 목격되고 있다.

의료 분야에서는 AI가 암 진단, 피부 질환 분석, 임상 지표 평가 등에서 높은 성과를 보이며 의료 자동화와 정확도 향상에 기여하고 있으며, 금융 분야에서는 대출 심사, 이상 거래 탐지, 자산 관리 등에 AI를 적극 활용하고 있으며, 기존 신용 평가 체계를 보완하는 역할을 하고 있다.

마지막으로 추천 시스템은 음악, 뉴스, 영상 플랫폼에서 딥 러닝 기반 개인화 기술을 통해 사용자 경험을 향상하고 있으나, 필터 버블, 다양성 결여 등 새로운 과제에도 직면하고 있다. 이러한 기술적 진보는 AI의 사회적 영향력을 확장하는 한편, 그에 상응하는 기술적 · 윤리적 대응이 동시에 요구되고 있다.

디지털 전환과 지역 공동체

산업 혁명은 인류 문명의 발전을 이끈 기술 혁신의 역사로, 사회 · 경제 구조 전반에 결정적인 전환을 초래해 왔다. 1차 산업 혁명은 18세기 후반 영국에서 시작되어 증기 기관의 발명과 함께 전통적인 수공업을 기계 공업 중심으로 바꾸었으며, 이는 근대 산업 사회의 출발점이 되었다. 이어서 2차 산업 혁명은 19세기 후반, 전기와 대량 생산 시스템, 조립 공정 등의 기술이 도입되며 생산의 효율성을 극대화하고 산업 자본주의 체제를 본격화했다. 3차 산업 혁명은 20세기 후반, 컴퓨터와 디지털 기술의 확산으로 정보화 사회가 형성되었으며, 인간 노동의 자동화와 네트워크 기반 사회로의 전환을 이끌었다(Quy et al., 2023).

이러한 산업 혁명의 흐름 속에서, 4차 산업 혁명은 AI를 축으로 한 지능형 기술의 융합을 핵심 특징으로 하며, AI · 빅 데이터 · 클라우드 · IoT 등이 상호 결합해 사회 · 경제 시스템 전반의 작동 방식을 재편하는 중추 동력으로 부상했다. 이러한 기술 혁신이 초래하는 구조적 변화를 포괄적으로 설명하는 개념이 바로 '디지털 전환(Digital Transformation, DT)'이다. 전환(transformation)은 한 체계가 다른 질적 상태로 이동하면서 기존 규범을 재구성하고 새로운 관행을 도입하는 과정으로 정의되며(Robinson et al., 2019), 디지털 전환은 조직과 기관, 공동체가 환경 변화에 대응해 디지털 기술을 활용해서 가치 창출 프로세스와 거버넌스를 근본적으로 재설계하는 과정을 의미한다(Vial, 2019). 디지털 전환은 '아날로

그'에서 '디지털로'라는 기술적 진보가 아니라 사회, 제도, 문화, 관계 구조 전반의 변화를 포괄하는 총체적인 이행 과정이며, 특히 지역 공동체에서는 시간적, 공간적, 사회적 기반 자원이 불균형적으로 분포하므로 그 경로가 더욱더 복합적이고 다층적으로 전개된다.

이러한 디지털 전환은 각 주체가 이를 '어떻게 인식하고 활용하느냐'에 따라 양상이 달라진다. 즉, 디지털 기술은 동일하더라도, 그것이 지역 사회 내에서 작동하는 방식은 사회적 구조, 제도적 맥락, 그리고 공동체 구성원의 역량에 따라 다르게 나타난다. 따라서 디지털 전환은 표준화된 일률적인 경로를 따르지 않는다. 오히려 지역의 역사적 맥락, 정책 환경, 구성원들의 디지털 역량에 따라 다양하고 분산된 방식으로 구현된다. 이는 디지털 전환이 중앙 집중적 모델이 아니라, 지역 기반의 맞춤형 전략으로 설계되어야 함을 시사한다. 특히 지역 공동체가 기술을 '어떻게 인식하고 해석하며 활용하느냐'라는 사회적 해석과 실천의 문제로 연결된다.

국가 차원에서는 디지털 정부, 스마트 시티, AI 산업 육성 정책 등 거시적 전략이 빠르게 추진되고 있지만, 지역 차원에서는 기술적 기반, 인프라 수준, 주민 인식, 정책 의지 등에서 편차와 격차가 존재한다. 어떤 지역은 중앙 정부나 민간 기업의 기술을 수동적으로 받아들이는 수준에 머물고 있으며, 반면에 어떤 지역은 스스로 기술을 실험하고, 주민의 삶과 연결하려는 시도를 펼치고 있다. 이러한 차이는 기술 접근성의 문제가 아니라, 지역 공동체가 디지털 전환을 '어떻게 해석하고 실천하느냐'의 문제로 이어진다.

특히 디지털 전환은 지역의 전통적인 커뮤니케이션 구조, 행정 시스템, 일상적인 사회관계망에 직간접적인 영향을 미친다. 공공 서비스가 디지털화되고, 행정은 데이터 기반으로 재편되며, 지역 언론은 디지털 플랫폼과 알고리즘 환경에 적응을 요구받는다. 학교, 도서관, 복지관 같은 지역 기반 시설들도 점차 AI 기반 시스템을 도입하며 서비스의 내용과 방식이 변화하고 있다. 그러나 이러한 변화는 기술적 도입만으로는 충분하지 않다. 기술을 이해하고, 선택하고, 지역의 고유한 맥락에 맞게 재구성할 수 있는 지역 내부의 역량과 철학이 필요하다.

최근 많은 지방 정부가 행정 효율성과 투명성을 높이기 위해 AI 기반의 데이터 행정 시스템과 비대면 민원 처리 기술을 도입하고 있다. 이러한 흐름은 공공 서비스의 접근성과 응답성을 높이는 데 긍정적인 효과를 주지만, 동시에 디지털 환경에 익숙하지 않은 고령층이나 취약 계층의 소외 문제를 발생시키기도 한다. 포용적 전환을 위해서는 기술 인프라 확대뿐 아니라, 지역 주민을 대상으로 한 디지털 역량 강화와 현장 중심의 지원 체계를 병행해야 한다. 주민 참여 또한 점차 새로운 양상을 보인다.

디지털 전환은 단절이 아니라 연결의 방식이며, 효율의 추구가 아닌 포용의 원리에 기초해야 하며, 시민의 참여와 권한 강화를 위한 기회로 설계되어야 한다. 이는 기술의 발전이 공동체를 소외하거나 분절하는 것이 아니라, 오히려 지역 사회의 구성원들을 다시 연결하고, 함께 문제를 해결할 수 있는 협력적 플랫폼으로 기능해야 함을 의미한다. 따라서 지역 공동체가 AI 시대의 전환점을 수동적으로 '받아들이는 주체'가 아니라, 적극적으로 '형성하는 주체'로 거듭나기 위해서는 문화적 감수성, 제도적 대응력, 공동체적 신뢰와 연대를 포함하는 복합적 기반을 함께 설계해야 한다. 이것이야말로 디지털 전환 시대의 진정한 지역 혁신 전략이 된다.

AI와 지역 공동체의 재정의

공동체는 지리적 영역(territory), 공동 유대감(common ties), 지속적 상호 작용(consistent interaction)이라는

세 가지 기본 구성 요소의 결합체로 이루어진다고 보았다(Hillery, 1955). 맥밀런과 채비스(McMillan & Chavis, 1986)는 이러한 공동체 개념에 소속감과 영향력, 개인 욕구 통합 및 충족, 공유된 정서적 유대 등의 심리적 공동체의 감각을 포함했다. 이러한 맥락에서 지역 공동체는 “유사한 정주 환경과 문화적 가치 및 규범 등을 공유하며 생활을 이어 가는 공동체”로서, ‘일상적 삶의 공간이자 관계적 네트워크가 형성되는 장소’에서 주민들 간의 직접적인 상호 작용, 사회적 유대감, 공통된 생활 양식과 정체성, 그리고 자발적 참여와 호혜성에 기반을 둔 공동체를 의미한다(정용복, 2017).

오늘날 지역 공동체는 더 이상 ‘물리적 공간에 국한한 집단’이 아니라, 디지털 기술을 통해 관계를 확장하고 공동의 문제에 대응하는 ‘디지털 역량 기반 공동체’로 변화하고 있다. 즉, 디지털 전환 시대의 지역 공동체란, 지리적 근접성과 생활 기반을 공유하는 동시에, 디지털 기술과 네트워크를 활용해 정보, 관계, 자원, 참여를 확장·재구성하는 주민 기반의 사회적 공동체를 의미한다. 이 공동체는 디지털 환경 속에서 상호 작용하고 연결되며, 다양한 기술적 매개체를 통해 공동의 문제를 인식하고 해결하는 주체로서 작동한다.

따라서 지역 공동체는 이제 오프라인 기반의 물리적 연대와 함께, 디지털 공간에서의 연결성과 참여 능력까지 포함하는 복합적 사회 구조로 재정의할 수 있다. 이처럼 지역 공동체가 디지털 역량 기반으로 재편됨에 따라, 지방 정부의 AI 기반 행정과 포용 전략 역시 이러한 새로운 공동체 특성을 반영할 필요가 있다.

AI는 지역 공동체에 새로운 가능성을 열어 주고 있다. AI가 공공 행정, 복지, 교육, 미디어에 도입되며 공동체의 작동 방식이 재편되고, 주민의 참여 방식도 온라인 설문, 디지털 플랫폼, 데이터 기반 의사 결정으로 다양화하고 있다. 이처럼 지역 공동체는 이제 기술을 기반으로 공동체성을 재구성하고 있는 새로운 사회적 실험장이다. 기술적 기반이 충분히 마련될 경우, 지역은 더 이상 수도권이나 대도시에 비해 불리한 위치에 머무를 필요가 없다. 오히려 지역의 고유한 문제를 더 민감하게 감지하고, 주민 참여를 기반으로 한 실험적 접근을 시도할 수 있는 공간으로서의 잠재력이 크다. 소규모 구조의 행정, 밀도 높은 관계망, 유연한 협력 가능성 등은 AI 기반 설루션을 적용하고 조정하는 데 유리한 조건이 될 수 있다.

예컨대, AI를 활용한 공공 행정은 민원 예측, 복지 대상자 선별, 도시 데이터 분석 등에서 행정의 효율성과 대응성을 크게 높일 수 있다. 동시에 공공시설 관리, 마을 버스 운영, 쓰레기 수거 등 지역 실정에 맞는 생활 밀착형 데이터 분석도 가능해진다. 교육, 의료, 농업, 관광 등 지역 산업 전반에서도 AI 기술은 생산성 향상과 비용 절감, 맞춤형 서비스 제공이라는 장점을 제공한다. AI 기반의 언어 번역, 음성 인식, 이미지 분석 기술은 다문화 지역 사회나 고령층을 위한 접근성 향상에도 기여할 수 있다.

그러나 기술 도입만으로 모든 것이 해결되는 것은 아니다. 오히려 기술이 적용되는 과정에서 새로운 격차와 갈등이 발생할 가능성도 존재한다. 디지털 기기와 데이터 활용 능력의 차이, 기술을 해석하고 활용하는 조직 내 인적 자원의 부족, 개인 정보 보호와 윤리적 쟁점 등은 AI 기반 지역 정책에서 반복적으로 등장하는 문제들이다. 특히 AI 알고리즘이 기존의 사회적 불평등 구조를 그대로 반영하거나 확대할 경우, 기술은 공공성을 강화하기보다는 지역 내 갈등을 증폭하는 결과를 초래할 수 있다.

또한 기술이 정책 결정의 전 과정에서 작동하기 시작하면, 인간의 판단과 지역 주민의 의사 반영이 점차 배제되는 위험도 동반된다. 기술적 '합리성'이 지역의 역사적 맥락이나 주민 간 신뢰 관계, 또는 삶의 감각을 대체할 수는 없다. AI가 지역 공동체에 깊이 뿌리내리기 위해서는 기술 자체보다 그것을 운용하고 조율하는 사회적 감각과 제도적 틀이 함께 발전해야 한다. 기회는 있지만, 그 가능성이 실현되기 위해서는 공동체 내부의 논의, 실천, 조율의 과정이 필요하다. AI는 지역 공동체가 자신을 스스로 새롭게 이해하고 설계할 수 있도록 돕는 도구일 뿐이며, 기술을 둘러싼 결정을 누가, 어떻게, 무엇을 기준으로 내릴 것인가는 여전히 사람과 공동체의 몫이다.

책의 목적과 구성

AI는 사람이 활동하는 세계에 대해 효과적으로 추론하고, 복잡한 작업과 책임을 효과적이고 윤리적으로 처리하며, 의미 있는 커뮤니케이션에 참여하고, 경험을 통해 인식을 개선해 나간다(Gil & Selman, 2019). AI 잠재력을 최대한 활용하기 위해서는 지역 공동체의 근본적인 변화가 필요한 연구 과제가 제기된다.

이 책은 기술 변화가 지역 사회에 미치는 영향을 제도화, 참여성, 지속 가능성, 글로컬 전략 등의 주요 학술적 이슈와 연결하며, 사회 과학, 지역학, 커뮤니케이션학,

정책학 간의 융합적 접근을 시도한다. 특히 디지털 포용, 전자 민주주의, 지역 혁신 체계, 주민 자치 등 현대적 담론을 중심에 두고, AI가 지역 공동체의 지속 가능하고 포용적인 미래를 형성하는 데 어떻게 기여할 수 있는가를 체계적인 이론적 틀 속에서 고찰한다.

AI에 대한 논의가 기술 중심에 머무르기 쉬운 현실 속에서, 이 책은 지역의 일상과 정책, 참여와 미디어, 자치와 거버넌스 등 사회적 맥락에 주목하며, 지역 공동체 안에서 AI를 어떻게 수용하고 설계할 것인가를 통합적으로 탐색한다.

책의 구성은 다음과 같은 흐름을 따른다. 1장부터 3장까지는 AI가 지역 혁신, 공공 정책, 디지털 포용에 어떠한 기회를 제공하는지를 중심으로, 정책적 기반과 사회적 조건을 조명한다. 4장부터 6장은 스마트 공동체의 형성, 주민 자치의 실현, 지역 거버넌스의 재구조화 등 지역 사회 제도와 주체의 작동 방식에 주목한다. 이어지는 7장부터 9장에서는 공동체 네트워크의 연결성, 지속 가능성, 지역 커뮤니케이션 등 AI 영향력이 만들어 내는 새로운 사회적 조건과 공동체적 상호 작용의 변화를 고찰한다. 마지막 10장은 이러한 논의를 종합해, AI 시대에 지역 공동체가 추구해야 할 미래 비전과 전략을 정리한다.

이 책은 지역의 디지털 전환을 준비하거나 실행 중인 정책 담당자, 지방 정부 관계자, 연구자, 시민 사회 활동가, 지역 언론인 등 다양한 실천 주체들에게 유용한 통찰과 방향을 제공하고자 한다. AI와 디지털 기술의 변화가 지역 사회에 긍정적 전환점이 되기 위해서는 공동체적 상상력과 정책적 설계가 병행되어야 한다는 믿음이, 이 책의 출발점이자 도착점이다.

참고문헌

정용복(2017). “마을공동체 미디어 생산자의 미디어 경험에 관한 탐색적 연구: 제주지역 공동체미디어의 생산과 과제, 정책적 함의를 중심으로”. 《한국언론정보학보》, 81, 153~186쪽.

Cantu-Ortiz, F. J. et al.(2020). An artificial intelligence educational strategy for the digital transformation. *International Journal on Interactive Design and Manufacturing(IJIDeM), 14,* pp.1195~1209.

European Commission(2018). “Artificial intelligence for Europe (COM (2018) 237 final)”. Publications Office of the European Union. https://eur-lex.europa.eu/legal-content/EN/TXT/PDF/?uri=CELEX:52018DC0237&from=EN

Gil, Y. & Selman, B.(Eds.).(2019). *A 20-year community roadmap for artificial intelligence research in the US.* Computing Community Consortium (CCC) and Association for the Advancement of Artificial Intelligence (AAAI).

High-Level Expert Group on Artificial Intelligence(2019). "A definition of AI: Main capabilities and scientific disciplines". European Commission. https://digital-strategy.ec.europa.eu/en/library/definition-artificial-intelligence-main-capabilities-and-scientific-disciplines

Hillery, G. A.(1955). Definitions of community: Areas of agreement. *Rural Sociology, 20*(2), pp.111~123.

Katz, B. & Nowak, J.(2018). *The new localism: How cities can thrive in the age of populism.* Brookings Institution Press.

Lefebvre, H.(2013). *Rhythmanalysis: Space, Time and Everyday Life.* In Elden, S. & Moore, G.(Trans.). Bloomsbury Publishing.

Marcucci, S. et al.(2022). *AI localism in practice: Examining how cities govern AI.* The GovLab.

McMillan, D. W. & Chavis, D. M.(1986). Sense of community: A definition and theory. *Journal of Community Psychology, 14*(1), pp.6~23.

Merolla, P. et al.(2014). A million spiking-neuron integrated circuit with a scalable communication network and interface. *Science, 345*(6197), pp.668~673.

Nilsson, N. J.(2009). *The quest for artificial intelligence: A history of ideas and achievements.* Cambridge University Press.

One Hundred Year Study on Artificial Intelligence (AI100)(2016). *Artificial Intelligence and Life in 2030: Report of the 2015-2016 Study Panel.* Stanford University.

Paek, S. & Kim, N.(2021). Analysis of worldwide research trends on the impact of artificial intelligence in education.

Sustainability, 13(14), 7941.

Quy, V. K. et al.(2023). AI and digital transformation in higher education: Vision and approach of a specific university in Vietnam. *Sustainability, 15*(14), 11093.

Robinson, S. et al.(2019). Locating the "digital" in digital journalism studies: Transformations in research. *Digital Journalism, 7*(3), pp.368~377.

Russell, S. & Norvig, P.(2003). *Artificial Intelligence: A Modern Approach*(2nd ed.). Prentice Hall.

Silver, D. et al.(2016). Mastering the game of Go with deep neural networks and tree search. *Nature, 529*, pp.484~489.

Simon, H. A.(1995). Artificial intelligence: An empirical science. *Artificial Intelligence, 77*(2), pp.95~127.

Verhulst, S. & Sloane, M.(2020). *AI localism: Situating digital self-determination*. The GovLab.

Vial, G.(2019). Understanding digital transformation: A review and a research agenda. *The Journal of Strategic Information Systems, 28*(2), pp.118~144.

01
AI와 지역 혁신

이 장은 지역 혁신과 경제 활성화를 위한 AI의 가능성에 주목한다. 데이터 기반의 지역 경제 생태계를 조성하고, AI를 통해 지역 맞춤형 서비스와 산업 구조 전환을 이끄는 전략을 탐색한다. 또한 AI를 활용한 공공 서비스 혁신과 지역 문제 해결을 위한 협력 모델을 함께 제시한다.

AI와 1인 창업?

AI와 지역 혁신 개념과 필요성

AI는 기술적 진보를 바탕으로 지역 사회와 공동체 혁신을 촉진하는 핵심 동력으로 부상하고 있다. AI는 데이터 기반 의사 결정, 자원 배분의 최적화, 맞춤형 공공 서비스 제공 등 다양한 방식으로 지역 수준의 혁신적 변화를 가능하게 한다(Yigitcanlar et al., 2021). 특히 지방 정부는 스마트 시티 구축, 디지털 행정 혁신, 지속 가능한 도시 관리 등 다양한 영역에서 AI를 적극적으로 도입하고 있으며, 이를 통해 지역의 경쟁력 강화와 시민 삶의 질 향상을 동시에 추구하고 있다(Verhulst, 2024).

한편, 지역 혁신(regional innovation)은 특정 지역 내에서 새로운 기술, 비즈니스 모델, 사회적 가치 등을 창출하고 확산시키는 과정으로 정의된다(Gyulai et al., 2024). 이는 지역 경제 활성화, 사회적 포용성 증진, 지속 가능성 제고를 주요 목표로 하며, 기술 도입을 통한 지역 주민 참여, 공동체 기반 접근, 그리고 지속 가능한 발전 전략과 결합하면서 그 개념이 확장되고 있다. 따라서 AI와 지역 혁신은 AI 기술을 지역 차원의 경제적, 사회적, 환경적 문제를 해결하고, 동시에 지역 사회 고유의 특성과 수요를 반영해 지속 가능하고 포용적인 혁신을 창출하는 총체적 접근으로 이해할 수 있다.

오늘날 지역 간 디지털 접근성 및 AI 활용 역량의 격차는 지역 간 경제 · 사회적 불균형을 심화할 우려가 있다(Kwon et al., 2024). 특히 대도시와 중소 도시, 농촌 지역 간의 디지털 격차는 정보 접근권, 교육, 일자리 창출 등 여러 분야에서 심각한 불평등을 초래하고 있다. 이에 따라 지역 혁신은 도시에 국한한 AI 활용을 넘어, 다양한 지역 단위에서 디지털 포용성을 확대하고, 전 지역 주민들이 AI 기반 혜택을 고르게 누릴 수 있도록 추진해야 한다.

AI는 지역 경제 성장과 스마트 시티 구현에 기여할 수 있지만, 동시에 공간적 불균형이나 사회적 소외 현상을 심화시킬 가능성도 내포하고 있다(Ahn et al., 2021). 기술에 기반한 혁신 도시 프로젝트는 대상 지역의 발전을 촉진하지만, 주변 지역과의 불균형을 심화할 우려가 있다. 따라서 지속 가능한 지역 사회 구축을 위해서는 AI를 포용성과 형평성, 공동체 연대 강화를 함께 고려하는 통합적 접근이 필요하다.

글로벌화에 따른 지역 간 균질화 현상에 대응해, 지역 고유의 특성과 공동체 정체성을 재발견하고 강화하려는 신지역주의(neo-localism) 움직임이 확산하고 있다(Sipe, 2018). AI는 이러한 지역적 특수성과 주민 주도형 혁신을 지원할 수 있는 유연하고 맞춤형 해결책을 제공할 수 있다. 이는 지역 혁신 전략을 보다 지속 가능하고 차별화된 방향으로 이끌 수 있는 중요한 요소가 된다.

AI 기반의 지역 혁신이 공공의 이익에 부합하도록 하기 위해서는 지방 정부, 기업, 시민 사회 간 협력적 거버넌스 체계 구축이 필수적이다(Yigitcanlar et al., 2021). 이는 기술 규제나 관리 수준 관점보다 AI 활용의 윤리성, 투명성, 사회적 책임을 담보하는 체계적인 설계와 운영을 요구한다. 특히 시민 참여 기반의 거버넌스는 지역 주민의 신뢰를 확보하고, AI 혁신의 지속 가능성을 높이는 핵심 메커니즘이 될 수 있다.

마지막으로, 미래 지역 경쟁력은 AI와 데이터 기반 혁신 생태계의 구축 여부에 달려 있다. AI 기반 데이터 분석, 시민 참여형 디지털 플랫폼, 지역 산업과 교육 기관 간 협력 네트워크는 지속 가능하고 역동적인 지역 혁신 생태계의 핵심 구성 요소로 부상하고 있다(Gyulai et al., 2024; Yablonsky, 2020). 이러한 생태계는 지역 내부 혁신 역량을 강화할 뿐만 아니라, 외부 자원과의 연계를 통해 글로벌 경쟁력도 제고할 수 있다.

데이터 기반 지역 산업 혁신

지역 경제는 전통적으로 제조업, 농어업, 관광 등 기반 산업 중심의 구조를 형성해 왔으며, 이는 각 지역의 자연 환경, 역사, 인적 자원 등 고유한 조건에 따라 형성되고 유지됐다. 그러나 오늘날 AI, 빅 데이터, 사물 인터넷(IoT) 등 첨단 디지털 기술의 발전은 지역 산업 구조 전반에 새로운 혁신의 기회를 제시하고 있다. 이러한 기술들은 산업의 효율성과 정밀도를 향상할 뿐 아니라, 전통 산업의 디지털 전환 및 신산업 창출을 동시에 가능하게 하며, 그 결과 지속 가능한 성장과 지역 일자리 창출의 새로운 동력으로 작용하고 있다(Littman et al., 2021).

AI 기술과 데이터 분석은 더 이상 대기업이나 중앙 정부의 전유물이 아니다. 지역 기업과 기관들도 데이터를 분석해 고객 수요를 예측하고, 생산 공정을 최적화하며, 지역 내 공급망을 더욱 효율적으로 재구성할 수 있는 역량을 갖춰 가고 있다. 그뿐만 아니라 행정, 교육, 복지 등 다양한 공공 서비스 영역도 데이터 기반으로 재편되면서, 지역 거버넌스 체계 자체가 더 예측할 수 있고 응답성 높은 구조로 진화하고 있다. 이러한 전환은 행정 효율성뿐 아니라, 시민 참여와 정책 신뢰도를 높이는 데도 기여하고 있다.

지역 산업의 혁신은 무엇보다도 현실 진단에서 출발해야 한다. 데이터 기반의 산업 진단 접근은 지역의 산업 경쟁력과 병목 지점을 정밀하게 파악할 수 있는 수단을 제공한다. 산업별·업종별 데이터 마이닝 기법과 시계열 예측 시스템을 통해 농산물 출하량, 관광객 수요, 지역 내 소비 패턴 등을 실시간으로 분석하면, 보다 민첩하고 유연한 정책 대응과 자원 배분이 가능해진다. 특히 기후 위기, 팬데믹 등 세계적 외부 충격에 취약한 지역 경제 구조를, 회복 탄력성(resilience)을 갖춘 구조로 재편하는 데에도 중요한 역할을 한다(Littman et al, 2021).

다음으로, 디지털 인프라와 플랫폼 구축이다. 지역 산업 혁신의 지속성과 확장성을 확보하기 위해서는 데이터 인프라 구축이 핵심 전제가 되어야 한다. 지역 특화 데이터 허브, AI 실증 테스트 베드, 오픈 데이터 플랫폼과 같은 공공-민간 연계 인프라 조성은 기술 기업의 유입, 데이터 스타트업의 창업, 지역 대학과의 산학 협력 활성화 등 연쇄적 혁신 효과를 유도한다(Muehlburger et al., 2020). 이는 기술 도입과 적용의 차원이 아니라, 지역 경제 생태계 전반의 체질 개선과 연결된 전략적 과제로 봐야 한다.

결코 간단한 과제는 아니지만, 지역 경제의 지속 가능한 도약을 위해서는 산업 구조 자체를 근본적으로 재편할 필요가 있다. 기존 산업을 단순히 유지하는 것이 아니라, 데이터와 AI를 중심으로 기존 산업을 재설계하고, 이를 기반으로 AI 융합형 신산업을 육성하는 전략이 필요하다. 예를 들어 제조업은 사이버 물리 시스템(CPS)을 도입해 스마트 팩토리(Smart Factory)로 전환하고, 관광산업은 AI 기반 추천 시스템을 통해 개별화한 여행 서비스를 제공할 수 있다. 이런 변화를 통해 지역은 기존 자원에 기반하되, 미래 기술과 연동된 '지속 가능한 복합 산업 구조'로 도약할 수 있다(Littman et al, 2021).

AI 기반 데이터 기술은 2030년까지 전 세계 GDP에 약 15조 달러의 경제적 기여를 할 것으로 예측된다(Holmes, 2019). 이는 지역 단위에서도 구체적인 경제 효과로 연결될 수 있다. 우선, 에너지, 환경, 의료, 관광 등 다양한 분야의 융합형 신산업 창출이다. 이를 통해 데이터 분석가, AI 시스템 관리자, 디지털 트레이너 등 고부가가치의 새로운 일자리가 확산할 수 있다. 기술 기업의 지방 이전 및 지역 중심의 스타트업 육성 등의 기업 유치와 창업 생태계 강화를 통해 지역의 경제 자립성과 지속 가능성을 뒷받침하는 구조적 변화로 이어질 수 있다.

데이터는 이제 지역 발전을 위한 자원이자 전략이다. 지역이 데이터 기반 경제로의 전환에 선제적으로 대응

한다면, 미래를 주도하는 '스마트 지역 경제 생태계'로 진화할 수 있다. AI와 데이터 기술은 더 이상 거대한 기술 기업의 전유물이 아니라, 지역이 경제적 자립성과 지속 가능성을 확보하는 열쇠다. 이제 필요한 것은, 정확한 데이터 기반 진단, 인프라 조성, 지역 맞춤형 산업 전략이다. 미래는 데이터를 준비하는 지역에 머문다.

AI를 활용한 공공 서비스 혁신

오늘날 공공 서비스는 기술 변화와 시민 요구의 다층적 대응 속에서 전환점을 맞이하고 있다. 특히 AI 도입은 디지털 전환을 통해 공공 서비스의 설계, 실행, 평가 방식까지 근본적으로 재구성하고 있다. AI 기반 공공 서비스 혁신은 효율성 제고는 물론, 시민 중심성과 윤리적 정당성, 예측 가능성과 유연성 확보라는 새로운 가치를 동반한다. 이러한 공공 서비스 혁신은 시민들이 공공 의사 결정이나 서비스 제공에 참여할 수 있도록 지원함으로써 시민과 지방 정부 간의 관계를 강화하는 시민 기술을 기반으로 공공의 의사 결정 과정에 그들의 의견을 반영하는 시민 참여를 전제로 한다(Salinas et al., 2018).

AI 도입이 진정한 사회적 가치를 창출하기 위해서는 기술 중심 접근을 넘어서야 한다. 영국의 인문 예술 연구 지원 기관인 AHRC(Arts and Humanities Research Council)는 사람 중심 및 인간-이외 존재 중심 디자인, 예측적 혁신, 비판적 디자인을 공공 서비스에서 AI의 기회와 위험성을 탐색하는 핵심 도구로 제시한다(AHRC, 2020). 이러한 디자인 방법론은 기술의 예상치 못한 부작용, 사회적 반작용, 윤리적 함의를 사전에 검토할 수 있는 기반을 제공한다.

AI와 연계된 디자인 기반 공공 서비스 혁신은 복잡한 사회 문제에 창의적으로 접근하는 사례를 통해 그 가능성을 보여 준다. 대표적 사례 중 하나인 슈퍼 플럭스(Super flux)의 〈초대받지 않은 손님들(The Uninvited Guests)〉(2015)은 사물 인터넷(IoT) 기반 스마트 케어 시스템이 고령자의 일상에서 어떻게 예상치 못한 방식으로 작동할 수 있는지를 탐색한 디자인 픽션 프로젝트다. 이는 AI 기반 서비스 설계가 인간 중심적 · 윤리적으로 구성되어야 함을 경고하는 사례로 활용된다.

또한 유럽연합 정책 연구소(EU Policy Lab)가 주도한 〈2030년 미래 정부(The Future of Government 2030+)〉는 유럽 각국의 디자인 연구 기관과 함께 AI 시대의 시민 중심 거버넌스 모델을 상상하고 실험한 대표 사례로, 디지털 민주주의, 기본 소득 기반 시민 정책 결정권, 정부-

시민 간 새로운 권력관계 재편 가능성을 제시했다. 이러한 실험적 프로젝트들은 시나리오 제시에 그치지 않고, 시민들과의 참여적 상호 작용을 통해 공공 서비스의 사회적 수용성과 윤리적 함의까지 함께 검토했다.

AI는 본질적으로 미래 지향적 기술이며, 이로 인해 공공 서비스 설계에서는 단기적 효율성뿐 아니라 장기적 시나리오 기반 설계 전략, 즉 선제적 혁신이 중요하게 주목받는다(AHRC, 2020). 이를 위해 디자인 픽션(design fiction), 상상적 비전 수립(speculative visioning)과 같은 방법론을 통해 복잡한 사회 문제를 미리 구조화하고 대응 가능한 모델을 상상하도록 유도한다. 예를 들어, 스트레인지 텔레메트리(Strange Telemetry)의 〈고령 사회의 미래(Future of an Ageing Population)〉(2015) 프로젝트는 시나리오 기반 워크숍을 통해 시민들의 기대와 우려, 디지털 기술이 미칠 영향 등을 사전에 파악하고 정책에 반영할 수 있는 창구를 마련했다. 이러한 접근은 기술 낙관론에 치우치지 않고 사회적 수용성과 위험 평가를 병행할 수 있다는 점에서 AI 기반 공공 서비스 설계에 중요한 교훈을 제공한다.

8AI는 공공 서비스 혁신의 핵심 동력임이 틀림없지만, 기술만으로는 시민의 신뢰와 참여를 확보할 수 없다. 따

라서 AI 디자인의 융합은 공공 서비스를 사회적 상상과 집단적 학습의 장으로 바꿔 나가는 동력이 된다. 이는 공공 부문이 기술을 단지 도입하는 데 그치지 않고, 공공성과 책임성을 갖춘 미래 설계자로 자리매김할 수 있도록 돕는 핵심 전략이 될 수 있다.

지역 문제 해결을 위한 AI 기반 협력 모델

지역 사회는 고령화, 디지털 격차, 사회 서비스 취약, 공공재 부족 등 복합적인 문제에 직면하고 있다. 이러한 문제들은 행정적 대응만으로는 한계가 있으며, AI와 지역 협력 네트워크의 융합을 통해 지속 가능한 해결 방안을 모색할 필요가 있다. 디자인 기반 공공 서비스 혁신 모델은 시민 참여, 공공-민간-학계 간 협력, 그리고 기술 활용을 통해 지역 문제를 해결하고자 하는 새로운 실천 전략을 제시하고 있다.

디자인 사고(design thinking)는 시민과 공공 기관이 협력해 문제를 정의하고 해결책을 공동으로 구상하는 구조화된 창의적 문제 해결 과정이다. 이 방식은 사용자의 경험과 맥락에 대한 깊은 공감을 출발점으로 하며, 공감(Empathise), 문제 정의(Define), 아이디어 도출(Ideate), 프로토타입(Prototype) 제작, 테스트(Test)

의 5단계로 구성된다(Nesta & IDEO, 2017).

AI 기술은 여기에 정량적 · 정성적 데이터 분석 역량을 더함으로써, 기존의 직관 중심 설계에 예측력, 정합성, 객관성을 제공한다. 예컨대, 시민 참여 설계 단계에서 AI는 참여자의 의견 데이터를 실시간 분석하거나, 특정 정책의 시뮬레이션을 통해 다양한 시나리오 결과를 도출해 낼 수 있다. 이를 통해 디자인 사고의 핵심 가치인 사용자 중심성이 기술 기반의 정밀성과 결합하며, 공공 서비스 설계 과정에서 사회적 수용성(acceptability)과 실행 가능성(feasibility)을 동시 확보할 수 있는 기반이 마련된다(Kimbell & Bailey, 2017).

지역 문제 해결을 위한 AI 기반 협력 모델은 사회적 맥락에 맞는 제도적 · 조직적 설계가 병행되어야 한다. 이에 따라 다음과 같은 다섯 가지 핵심 구성 요소가 제안된다.

우선, 시민 참여 기반 설계(Citizen-centred design)다. AI 도입은 시민의 기대와 우려를 반영한 공론화 과정을 통해 사회적 정당성을 확보해야 한다. 디자인 사고는 이러한 참여 기반 대화 구조를 제공하며, 시민의 실제 요구에 기반한 문제 정의를 가능하게 한다(Nesta & IDEO, 2017). 다음은 다부문 협력 인프라(Multisectoral infrastructure)다. AI 기반 지역 혁신은 지방 정부, 시민 사회, 기업, 연구 기관 등이 협력하는 사중 나선(quadruple helix) 기반의 구조가 필요하다. 이를 위해 다양한 이해관계자들이 지속 가능한 방식으로 협업 구조를 형성하는 '인프라스트럭처링(Infrastructuring)'이라는 개념이 필요하다.

이러한 관점에서 인프라스트럭처링은 다양한 주체들이 공동의 목적 아래 상호 작용하고, 학습하고, 적응해 나갈 수 있는 장(arena)을 조성하는 과정으로 이해할 수 있다. 이는 AI 지역 혁신이 일회성 프로젝트가 아니라 지속 가능한 거버넌스 체계로 안착하기 위한 핵심 조건이며, 협력적 실천과 제도화 노력을 병행해야 함을 시사한다.

사회 문제를 해결할 수 있는 기술과 서비스를 확보하기 위해서는 디자인 기반 R&D 공공 조달 혁신 모델이 필요하다. 공공 영역에서의 AI는 공정성, 투명성, 설명 가능성 등을 내재화한 윤리적 AI 설계 기준 위에 설계되어야 하며, 디자인 리서치와 윤리적 설계 원칙이 통합된 방식으로 구현 가능하다(AHRC, 2020). 마지막으로 지역 데이터 활용 체계의 구축이다. 공공 및 민간 데이터의 연계를 통해 지역 맞춤형 AI 모델을 구축하고, 데이터 거버넌스(data governance) 구조와 시민 신뢰 기반을 함께 설계해야 한다.

AI는 지역 문제를 해결할 수 있는 강력한 도구지만, 기술의 적용은 시민의 수용성과 윤리적 정당성을 전제로 해야 한다. 디자인 기반 접근은 기술을 지역 사회 문맥 속에서 실험하고, 사회적 협력을 조직하는 도구로 활용될 가능성을 제시한다. AI를 지역 기반 문제 해결에 효과적으로 활용하기 위해서는, 기술의 효율성을 넘어 지역 거버넌스의 민주성과 통합성을 강화하는 새로운 참여적 기술 모델이 요구된다.

참고문헌

정용복(2017). "마을공동체 미디어 생산자의 미디어 경험에 관한 탐색적 연구: 제주지역 공동체미디어의 생산과 과제, 정책적 함의를 중심으로". 《한국언론정보학보》, 81, 153~186쪽.

Ahn, J. et al.(2021). Impact of Innovation City Projects on National Balanced Development in South Korea: Identifying Regional Network and Centrality. *ISPRS International Journal of Geo-Information, 10*(3), 169.

AHRC(2020). *Design Fellows: Challenges of the Future - Public Services.* Arts and Humanities Research Council.

Cantu-Ortiz, F. J. et al.(2020). An artificial intelligence educational strategy for the digital transformation. *International Journal on Interactive Design and*

Manufacturing(IJIDeM), 14, pp.1195~1209.

European Commission Joint Research Centre(2018). *The Future of Government 2030+: A citizen-centric perspective on new governance models.* EU Policy Lab.

Gil, Y. & Selman, B.(Eds.).(2019). *A 20-year community roadmap for artificial intelligence research in the US.* Computing Community Consortium (CCC) and Association for the Advancement of Artificial Intelligence (AAAI).

Gyulai, T. et al.(2024). Regional Innovation Ecosystem, Urban Development, Industry 5.0 ? Learning Factory. *Proceedings of the RSAI Congress*, pp.155~156.

High-Level Expert Group on Artificial Intelligence(2019). "A definition of AI: Main capabilities and scientific disciplines". European Commission. https://digital-strategy.ec.europa.eu/en/library/definition-artificial-intelligence-main-capabilities-and-scientific-disciplines

Hillery, G. A.(1955). Definitions of community: Areas of agreement. *Rural Sociology, 20*(2), pp.111~123.

Holmes, F.(2019.2.25). AI will add $15 trillion to the world economy by 2030. Forbes. https://www.forbes.com/sites/greatspeculations/2019/02/25/ai-will-add-15-trillion-to-the-world-economy-by-2030

Katz, B. & Nowak, J.(2018). *The new localism: How cities can thrive in the age of populism.* Brookings Institution Press.

Kimbell, L. & Bailey, J.(2017). Prototyping and the new spirit of policy-making. *CoDesign International Journal of CoCreation in Design and the Arts, 13*(3), pp.214~226.

Kwon, M. K. et al.(2024). Understanding the Determinants of Digital Innovation in California Local Governments: Digital Inequality and Agency Assignment Perspectives. *Digital Government: Research and Practice, 5*(3), Article 25.

Lefebvre, H.(2013). *Rhythmanalysis: Space, Time and Everyday Life.* In Elden, S. & Moore, G.(Trans.). Bloomsbury Publishing.

Littman, M. L. et al.(2021). *Gathering strength, gathering storms: The One Hundred Year Study on Artificial Intelligence(AI100) 2021 Study Panel Report.* Stanford University. https://ai100.stanford.edu/2021-report

Marcucci, S. et al.(2022). *AI localism in practice: Examining how cities govern AI.* The GovLab.

McMillan, D. W. & Chavis, D. M.(1986). Sense of community: A definition and theory. *Journal of Community Psychology, 14*(1), pp.6~23.

Merolla, P. et al.(2014). A million spiking-neuron integrated circuit with a scalable communication network and interface. *Science, 345*(6197), pp.668~673.

Muehlburger, M. et al.(2020). A framework for recognizing digital transformation opportunities. *ECIS 2020 Proceedings.*

Nesta & IDEO(2017). *Design for Europe: Design approaches in public sector innovation.* Nesta.

Nilsson, N. J.(2009). *The quest for artificial intelligence: A history of ideas and achievements.* Cambridge University Press.

One Hundred Year Study on Artificial Intelligence(AI100)(2016). *Artificial Intelligence and Life in 2030: Report of the 2015-2016 Study Panel.* Stanford University.

Paek, S. & Kim, N.(2021). Analysis of worldwide research trends on the impact of artificial intelligence in education. *Sustainability, 13*(14), 7941.

Quy, V. K. et al.(2023). AI and digital transformation in higher education: Vision and approach of a specific university in Vietnam. *Sustainability, 15*(14), 11093.

Robinson, S. et al.(2019). Locating the "digital" in digital journalism studies: Transformations in research. *Digital Journalism, 7*(3), pp.368~377.

Russell, S. & Norvig, P.(2003). *Artificial Intelligence: A Modern Approach*(2nd ed.). Prentice Hall.

Salinas, L. et al.(2018). Civic engagement as participation in designing for services. In *ServDes.2018 – Service Design Proof of Concept*(pp.311~320). Linkoping University Electronic Press.

Silver, D. et al.(2016). Mastering the game of Go with deep neural networks and tree search. *Nature, 529*, pp.484~489.

Simon, H. A.(1995). Artificial intelligence: An empirical science. *Artificial Intelligence, 77*(2), pp.95~127.

Sipe, L. J.(2018). Leveraging neo-localism for experience innovation: A case study of an urban park and entertainment venue. *Journal of Themed Experience and Attractions Studies, 1*(1), pp.29~37.

Strange Telemetry(2015). *Speculative design and the future of an ageing population.* Commissioned by UK Government Foresight Department.

Superflux Lab(2015). "Uninvited Guests". https://superflux.in/index.php/work/uninvitedguests

Verhulst, S. & Sloane, M.(2020). *AI localism: Situating digital self-determination.* The GovLab.

Verhulst, S.(2024). AI localism: When forecasting and foresight meet data and innovation toward a taxonomy of anticipatory methods for migration policy. *Data & Policy, 7*, e24.

Vial, G.(2019). Understanding digital transformation: A review and a research agenda. *The Journal of Strategic Information Systems, 28*(2), pp.118~144.

Yablonsky, S. A.(2020). AI-Driven Digital Platform Innovation. *Technology Innovation Management Review, 10*(10), pp.26~35.

Yigitcanlar, T. et al.(2021). Responsible Urban Innovation with Local Government Artificial Intelligence (AI): A Conceptual Framework and Research Agenda. *Journal of Open Innovation: Technology, Market, and Complexity, 7*(1), 71.

02
AI와 공공 정책

AI는 정책 설계 및 실행 방식에 근본적인 변화를 불러오고 있다. 이 장은 AI 기반 정책 수립, 공공 정책 과정의 이해, 주민 참여형 정책 결정 모델을 중심으로 공공 정책의 전환 가능성을 탐색한다. 아울러 공공 AI 활용의 도전 과제도 함께 논의한다.

AI와 MBTI?

AI 공공 정책의 개념과 필요성

AI 공공 정책은 단일한 정의로 규정되기보다는, 다양한 정책 영역에서 AI 도입과 규율을 다루는 포괄적이고 다차원적인 접근으로 구성된다. 브런디지와 브라이슨(Brundage & Bryson, 2016)은 AI 공공 정책을 세 가지 범주로 구분했다. 첫째, 직접적 AI 정책은 AI 기술 자체를 직접 규율하는 법률과 규제 정책을 의미하며, 둘째, 간접적 AI 정책은 AI 외 기술이나 사회 문제를 다루지만, AI 시스템에 영향을 미치는 정책을 포함한다. 셋째, AI 관련 정책은 노동, 교육, 공공 안전 등 다양한 분야에서 AI 이해가 정책 성과 향상에 기여할 수 있는 영역을 포괄한다. 이러한 분류는 AI 공공 정책이 기술 규제만이 아니라 사회적, 윤리적, 경제적, 정치적 요소를 포괄하는 전략적 정책 영역임을 시사한다.

특히, AI는 단일 기술 범주에서 디지털 정책, 경제, 노동, 교육, 연구 개발, 사회 복지 등 광범위한 영역에 걸쳐 영향을 미치는 교차적 이슈(cross-cutting issue)로 작용하고 있다(Valle-Cruz et al., 2020; Criado et al., 2024). 이에 따라 AI 공공 정책은 중앙 정부의 일방적 추진만으로는 충분하지 않고, 지방 정부나 공공 기관 수준에서도 능동적 개입과 조정이 이루어져야 하며, 지역 맥락에 맞춘 분산적 정책 설계를 병행해야 한다(Gal-Arieli et al., 2017). 이는 기술 도입이 중앙 집권적 구조만 강화하는 것이 아니라, 지역 공동체 수준에서도 자율성과 책임성을 높일 수 있어야 함을 의미한다.

또한 AI는 행정 효율화 수단은 물론, 경제적 자원, 군사 전략, 정치권력의 핵심 요소로 인식되고 있다. 피셔와 벵거(Fischer & Wenger, 2021)는 AI를 미래 권력 경쟁의 구조적 기반으로 규정하며, AI를 둘러싼 정책적 선택이 국가 및 지역의 미래 권력 지형을 결정짓는 중대한 변수임을 강조한다. 즉, AI 공공 정책은 국가 경쟁력, 사회 구조, 민주주의 체계에 직결되는 전략적 의제인 것이다.

더욱이, 최근 논의는 AI 기반 공공 정책 수립이 전통적 정책 사이클을 변화시키고 있음을 보여 준다(Valle-Cruz et al., 2020). 기존의 의제 설정, 정책 형성, 집행, 평가 등의 전 과정은 빅 데이터와 AI 분석으로 점점 더 실시간화하고, 비선형적이며, 예측적으로 진화하고 있다(Hossin et al., 2023). 이에 따라 정책 수립 과정 자체가 기술 주도적으로 되어 가는 만큼, AI 공공 정책은 기술적 관리와 사회적 통제를 동시에 고려해야 하는 복합적 과제로 부상하고 있다.

마지막으로, 생성형 AI(generative AI)의 급속한 확산은 정책 영역에도 새로운 도전과 기회를 제시하고 있다. 생성형 AI는 혁신적 콘텐츠 생산과 맞춤형 서비스 제공 가능성을 확대하는 한편, 알고리즘 편향, 저작권 침해, 정보 왜곡 등 새로운 정책 위험을 수반한다(Kumar et al., 2024). 이에 따라 AI 공공 정책은 혁신 촉진과 규제 균형 사이에서 섬세한 정책 설계가 필요하며, 공공성과 책임성을 강화하는 방향으로 진화해야 한다.

AI 공공 정책은 기술 규제나 촉진 정책을 기본으로 사회 질서, 권력 구조, 민주주의 원칙을 새롭게 정의하고 조율하는 핵심 전략적 과업이다. AI 발전과 적용이 민주적 가치, 사회적 형평성, 지속 가능성을 강화하는 방향으로 작동하도록 정교한 정책적 프레임과 실행 메커니즘을 설계하는 것이 절실하다.

AI 시대의 공공 정책 과정 이해

정책 전주기란 의제 설정(agenda-setting), 정책 형성(formulation), 정책 집행(implementation), 정책 평가(evaluation)라는 네 단계를 통해 공공 정책이 문제를 인식하고, 해결 방안을 설계하며, 이를 실행하고, 그 결과를 평가하는 일련의 과정을 의미한다. 즉, 정책이 탄생해 현실에 적용되고, 그 효과를 검토하기까지의 전체 흐름을 포괄하는 개념이다(Valle-Cruz et al., 2020; Criado et al., 2024). 이 과정은 연속적인 행정 절차를 포함해 사회적 가치, 권력관계, 그리고 기술적 요소가 긴밀하게 상호 작용을 하는 복합적이고 동적인 체계로 이해해야 한다.

우선, 의제 설정 단계는 정책 전주기의 출발점으로, 사회적으로 제기된 다양한 문제 중에서 어떤 이슈가 지방 정부의 공식 정책 의제로 채택될지를 결정하는 과정이다. 이 과정에서는 문제의 심각성, 여론의 압력, 미디어 보도, 정치적 기회 구조 등이 결정적 요인으로 작용한다(Duberry, 2022). 문제를 어떻게 정의하고 설정하는가는 이후 정책 형성과 집행의 방향을 근본적으로 좌우하기 때문에, 이 단계에서는 사회적, 정치적, 경제적 맥락을 자세히 분석하고 고려하는 것이 필수적이다. 특히, 다양한 이해관계자들의 관심과 권력 구조를 분석하는 작업은 의제 설정의 성공 여부를 결정짓는 핵심 요소가 된다.

다음으로, 정책 형성 단계에서는 선택된 문제에 대한 구체적 해결 방안을 설계한다. 이 과정은 정책 대안의 탐색, 비교 · 분석, 이해관계자 의견 수렴, 실현 가능한 정책 수단의 선정 등 다양한 활동을 포함한다(Javed et al., 2018). 정책 형성 단계는 과학적 데이터 분석과 가치 판단이 동시에 작용하는 복합적 국면으로, 최선의 기술적 해결책을 찾는 데 그치지 않고, 사회적 수용성과 정치적 실현 가능성까지 함께 고려해야 한다.

정책 집행 단계에서는 설계된 정책이 실질적으로 적용되고 운영된다. 입법화, 예산 배정, 행정 조직 운영 등 구체적 실천 행위가 포함되며(Thierer et al., 2017), 이 과정에서는 계획과 현실 사이의 이행 격차를 최소화하는 것이 중요하다. 특히, 집행 과정에서는 관료제의 운용 능력, 정치적 리더십, 현장의 변화 대응 능력 등이 정책 효과를 좌우한다. 정책의 성공적인 집행을 위해서는 현장 실태를 반영하는 유연성과 지속적인 피드백 체계가 요구된다.

마지막으로, 정책 평가 단계에서는 정책이 설정한 목표를 얼마나 달성했는지, 예상치 못한 부작용은 발생하지 않았는지, 개선하거나 수정해야 할 부분은 무엇인지를 체계적으로 분석한다(Valle-Cruz et al., 2020). 평가는 정책이 사회적 가치 실현과 민주적 정당성 확보에 기여했는지까지 포함해 종합적으로 검토해야 한다. 이 과정은 향후 정책 개선과 혁신을 위한 근거를 마련하는 핵심적 역할을 한다.

최근 AI 도입은 정책 전주기의 모든 단계에 새로운 가능성과 동시에 심각한 위험 요소를 가져오고 있다. 예컨대, 의제 설정 단계에서 AI가 분석하는 데이터가 편향되어 있을 때, 특정 사회 집단의 문제는 과소 대표되고 다른 집단은 과대 대표될 수 있으며, 이는 초기 정책 방향성 자체를 왜곡시킬 위험을 내포한다. AI 분석 과정에서 데이터 선택과 가공 방식에 숨겨진 편향은 정책이 사회적 불평등을 오히려 강화하는 결과를 초래할 수 있다.

또한 정책 형성 단계에서는 AI가 제시하는 최적화된 대안이 기술적 효율성만을 강조하면서, 사회적 가치나 윤리적 고려를 소홀히 할 가능성이 존재한다. 인간적인 가치 판단을 고려하지 않은 채 알고리즘 추천에 의존하면 정책의 정당성과 수용성을 저하할 수 있다.

정책 집행과 평가 단계에서도 AI 기반 시스템이 사용될 경우, 알고리즘 오류나 설명 불가능성 문제(black box issue)로 인해 정책 효과를 부정확하게 측정하거나, 잘못된 결과 해석으로 이어질 수 있다(Criado et al., 2024). 특히, AI가 생성하는 평가 데이터가 표면적으로는 정량적 정확성을 띠더라도, 실제 사회적 영향은 왜곡되거나 은폐될 위험이 존재한다.

정책 전주기는 선형적이고 기계적인 절차가 아니라, 다양한 이해관계자, 복합적인 가치 갈등, 그리고 기술 혁신이 끊임없이 교차하는 역동적 과정이다. 이 전주기의 각 단계는 상호 긴밀하게 연결되어 있으며, 특히 AI 시대에 그 복잡성과 불확실성이 더욱 심화하고 있다. 따라서 정책 전주기를 심층적으로 이해하는 것은 절차적 관리와 공공 정책의 질적 향상을 도모하고, 민주적 정당성과 사회적 신뢰를 확보하는 데 필수적인 과제가 된다.

AI와 시민 참여 정책

AI는 행정 운영, 의사 결정, 공공 서비스 제공 방식을 본질적으로 재편하고 있다. 이러한 변화는 시민 참여 정책에도 직결되어, AI는 기존 참여 모델을 보완하거나 혁신하는 역할을 수행한다(Onufreiciuc, 2024; Salinas et al., 2018). AI는 대규모 시민 의견을 실시간으로 수집·분석·시각화해 참여 장벽을 낮추고, 데이터 기반 의사 결정을 통해 정책 형성 과정의 투명성과 포용성을 동시에 높인다.

AI 기반 시민 참여 정책은 크게 두 가지 방향으로 발전하고 있다. 첫째, 시민들이 디지털 플랫폼을 통해 공공 의사 결정 과정에 직접 참여할 수 있도록 기회를 확대하는 것이다. 이는 전통적 참여 방식의 한계를 극복하고, 더 다양한 사회 구성원이 의견을 개진할 수 있도록 한다. 둘째, AI 기반 데이터 분석을 통해 시민 의견을 보다 정교하고 효과적으로 수집하고 정책 설계에 반영하는 것이다(Onufreiciuc, 2024). 결국 이 두 축은 선순환 구조를 형성한다. 디지털 플랫폼을 통한 실시간 참여 확대는 양질의 데이터를 풍부하게 공급하고, 고도화한 AI 분석은 그 데이터를 정책에 정밀하게 반영해 시민이 변화를 체감하게 만든다.

오누프레이시우크(Onufreiciuc, 2024)는 AI 통합형 시민 참여 플랫폼 사례들을 분석하며, 자연어 처리(NLP)와 머신 러닝(ML) 기술이 대규모 시민 의견을 신속하고 체계적으로 분석해 공공 정책에 반영할 수 있도록 지원한다고 강조한다. 이로써 정책 결정자들은 다양한 시민 목소리를 더욱 효율적으로 수렴하고, 사회적 요구에 민감하게 대응할 수 있다.

크라프트 등(Krafft et al., 2021)은 AI 시스템의 공공 부문 도입과 그로 인한 사회적 불평등 문제에 대응하기 위해 지역 공동체 주체들이 직접 기술 감사(technology audit)와 정책 개입을 시행할 수 있도록 지원하는 '알고리즘 형평성 개발 환경(Algorithmic Equity Toolkit,

AEKit)'을 개발했다. 이 개발 환경은 AI를 정의하고, 시스템을 분해하며, 비판적 질문을 던질 수 있도록 구성되었으며, 전통적인 기업 중심의 책임성 접근을 넘어서 시민 사회 중심의 AI 거버넌스를 추구한다. 연구진은 시애틀 등 미국 도시들의 감시 기술 규제 움직임과 활동가 네트워크의 협업을 통해 실질적이고 행동 지향적인 개발 환경을 설계했으며, 이는 AI 거버넌스에서 시민 참여를 제도화하는 하나의 모형을 제시한다.

살리나스 등(Salinas et al., 2018)은 공공 서비스 디자인에 시민들이 초기부터 참여하는 것이 중요하다고 지적한다. 그들은 '참여적 디자인(participatory design)' 접근법을 통해 시민이 정책 수립 과정의 수동적 수혜자가 아니라 능동적 설계자로 전환되어야 한다고 강조한다. 이 과정은 지역 문제 해결과 서비스 혁신을 촉진할 뿐만 아니라, 시민의 주인의식과 민주적 책임성을 강화하는 데도 기여한다.

AI는 이러한 시민 참여를 질적으로 향상하는 데 기여할 수 있다. 특히 디지털 플랫폼은 시민들의 관심사, 거주 지역, 참여 이력에 따라 맞춤형 정보와 참여 기회를 제공해 지속적인 참여를 유도하고(Battocchio et al., 2023), 다양한 시민 집단이 시간과 장소에 구애받지 않고 정책 의사 결정 과정에 접근할 수 있도록 지원한다(Dubow et al., 2018). 맞춤형 접근은 참여 동기를 높이고, 반복적이고 지속적인 참여를 이끌어 낼 수 있는 기반이 된다.

최근 타이완은 디지털 아고라(digital agora) 구축을 통해 AI와 디지털 플랫폼을 활용한 시민 참여 모델을 선도하고 있다(Banerjee, 2023). 정부와 시민 사회가 협력해 정책 설계부터 집행, 평가에 이르기까지 시민의 역할을 적극적으로 제도화하고 있으며, 이는 시민 참여가 민주주의 심화와 행정 혁신 모두에 기여할 수 있음을 보여주는 사례다.

AI는 시민 참여를 확대하고 심화할 수 있는 잠재력을 지니고 있다. 그러나 기술적 가능성을 현실화하기 위해서는 데이터 공정성, 디지털 포용성, 참여의 실질적 영향력 보장이라는 세 가지 원칙을 정책 설계에 반드시 통합해야 한다. AI와 시민 참여 정책의 성공은 기술 자체가 아니라, 그것을 어떻게 설계하고 운용하며 시민 주체성과 민주적 가치에 얼마나 충실하게 연계하는가에 달려 있다.

AI 공공 정책의 도전과 과제

AI는 공공 정책 분야에 혁신적인 가능성을 제시하는 동시에, 도전 과제를 수반하고 있다. AI를 통한 정책 혁신은 행정 효율성 제고, 데이터 기반 의사 결정 강화, 시민 참여 확대 등 긍정적 효과를 기대할 수 있으나, 동시에 민주주의의 원칙, 사회적 공정성, 기술적 투명성 등 핵심 가치를 위협할 수 있다(Duberry, 2022; Criado et al., 2024).

AI 기반 공공 정책의 큰 문제 중 하나는 투명성(transparency) 부족이다. AI 시스템은 복잡하고 '블랙박스' 형태로 작동하는 경우가 많아, 정책 결정의 과정과 근거를 시민이 이해하고 평가하기 어렵게 만든다(Valle-Cruz et al., 2020). 특히 정책 과정에 AI가 활용될 경우, 데이터 편향이나 알고리즘 오류가 시스템 전반에 걸쳐 누적될 가능성이 존재한다. 문제는 이러한 오류와 편향을 초기 단계에서 충분히 식별하지 못할 경우, 이후 정책 집행과 평가 단계까지 영향을 미치며 정책 결과의 왜곡을 초래할 수 있다는 점이다. 더욱이 AI 시스템의 복잡성과 비가시성으로 인해 외부의 독립적 검증이 어렵고, 책임 소재를 명확히 규명하는 것 또한 쉽지 않다(Duberry, 2022). 이는 결국 정책의 투명성과 민주적 정당성을 심각하게 훼손할 위험을 내포하고 있으며, AI 기반 공공 정책에 대한 시민 신뢰를 약화할 수 있다.

AI 알고리즘은 설계자와 학습 데이터의 편향을 반영할 수 있으며, 이는 결과적으로 특정 사회 집단에 불리하게 작용할 가능성을 내포한다(Criado et al., 2024). 특히 스마트 시티나 디지털 행정 시스템에서 AI의 결정을 제도화하면, 소수자나 취약 계층이 구조적으로 불이익을 받을 위험이 커진다(Javed et al., 2018). 이는 공공 정책이 지향해야 할 공정성과 형평성 원칙에 정면으로 어긋날 수 있다.

AI 기반 정책 결정이 기술 전문가나 소수의 이해관계자 중심으로 이루어질 경우, 시민이 정책 과정에서 소외될 위험이 존재한다. 이는 민주적 참여와 책임성 원칙을 약화할 수 있으며, 시민과 정부 간 신뢰를 훼손할 수 있다(Duberry, 2022). 특히, 디지털 플랫폼을 통한 참여가 겉으로는 확대되는 것처럼 보일지라도, 실제로는 정치적 소수자나 정보 취약 계층이 배제될 수 있다는 점에서 주의가 필요하다(Thierer et al., 2017).

AI 도입과 활용은 고도의 전문 지식과 데이터 관리 역량을 요구한다. 그러나 현재 다수의 공공 기관은 기술적 · 윤리적 이해를 포괄하는 역량이 부족한 상황이며,

민간 기술 기업에 대한 과도한 의존을 초래할 우려가 있다(Criado et al., 2024). 이러한 역량 격차는 공공 정책의 자율성과 시민의 권익 보호를 위협할 수 있다.

AI는 국경을 넘어 빠르게 확산하고 있지만, 각국의 규제 체계 · 문화적 가치 · 인권 기준의 차이가 있어서 글로벌 거버넌스의 공백이 여전히 크다(Stone, 2008). 특히 데이터 주권, AI 윤리 기준, 초국적 기업 규제는 앞으로 국제 공공 정책의 핵심 쟁점으로 부상할 전망이다. 따라서 AI를 공공 정책 혁신의 강력한 동력으로 활용하려면, 기술 발전이 초래할 윤리적 · 사회적 · 제도적 위험을 동시에 관리할 수 있는 다층적 대응이 필수적이다. 향후 AI 공공 정책은 민주주의 가치, 사회적 형평성, 시민 권리 보호를 통합적으로 반영하도록 재설계해야 한다. 이를 위해서는 기술적 투명성 확보, 시민 참여 채널 강화, 공공 부문 전문성 제고, 글로벌 협력 체계 구축이라는 네 가지 전략적 축이 상호 보완적으로 구현돼야 한다. 이러한 제도적 거버넌스 기반이 뒷받침할 때, 비로소 AI는 공공선을 증진하는 실질적 도구로 자리매김할 수 있다.

참고문헌

Banerjee, I.(2023). *The Digital Agoras of Taiwan: Reimagining Spaces for Civic Engagement.* https://doi.org/10.34727/2023/isbn.978-3-85448-055-6_16

Battocchio, A. F. et al.(2023). Gen Z's civic engagement: Civic skills, political expression, and identity. In Coleman, S. & Sørensen, L. (Eds.), *Handbook of digital politics*(pp.181~194). Edward Elgar Publishing. https://doi.org/10.4337/9781800377585.00021

Brundage, M. & Bryson, J.(2016). Smart policies for artificial intelligence. *arXiv*, arXiv:1608.08196. http://arxiv.org/abs/1608.08196

Criado, J. I. et al.(2024). Artificial intelligence and public administration: Understanding actors, governance, and policy from micro, meso, and macro perspectives. *Public Policy and Administration, 40*(2), pp.173~184.

Duberry, J.(2022). *Artificial intelligence and democracy: Risks and promises of AI-mediated citizen? government relations.* Edward Elgar Publishing.

Dubow, T. et al.(2017). *Civic Engagement: How Can Digital Technology Encourage Greater Engagement in Civil Society?.* RAND Corporation.

Fischer, S.-C. & Wenger, A.(2021). Artificial Intelligence, Forward-Looking Governance and the Future of Security. *Swiss Political Science Review, 27*(1), pp.170~179.

Gal-Arieli, N. et al.(2017). New localism or fuzzy centralism: Policymakers' perceptions of public education and involvement in education. *Local Government Studies, 43*(4), pp.598~620.

Haltofova, B.(2018). Using Crowdsourcing to Support Civic Engagement in Strategic Urban Development Planning: A Case Study of Ostrava, Czech Republic. *Journal of Competitiveness, 10*(1), pp.85~103.

Hossin, M. A. et al.(2023). Big data-driven public policy decisions: Transformation toward smart governance. *SAGE Open, 13*(4), pp.1~19.

Javed, B. et al.(2018). An adaptable system to support provenance management for the public policy-making process in smart cities. *Informatics, 5*(1), 3. https://doi.org/10.3390/informatics5010003

Kahne, J. et al.(2016). Redesigning Civic Education for the Digital Age: Participatory Politics and the Pursuit of Democratic Engagement. *Theory & Research in Social Education, 44*(1), pp.1~35.

Krafft, P. M. et al.(2021). An action-oriented AI policy toolkit for technology audits by community advocates and activists. In *Proceedings of the 2021 ACM Conference on Fairness, Accountability, and Transparency(FAccT '21).* ACM. https://doi.org/10.1145/3442188.3445938

Kumar, V. et al.(2024). Generative AI in marketing: Promises, perils, and public policy implications. *Journal of Public Policy & Marketing, 43*(1), pp.1~23.

Onufreiciuc, R.(2024). Citizen participation in and through AI-enabled innovation. *Logos Universality Mentality Education Novelty: Law, 12*(1), pp.62~74.

Salinas, L. et al.(2018). Civic engagement as participation in designing for services. In *ServDes2018 – Service Design Proof of Concept*(pp.312～320). Politecnico di Milano.

Stone, D.(2008). Global public policy, transnational policy communities, and their networks. *Policy Studies Journal, 36*(1), pp.19～38.

Thierer, A. D. et al.(2017). *Artificial intelligence and public policy.* Mercatus Research, Mercatus Center at George Mason University.

Valle–Cruz, D. et al.(2020). Assessing the public policy–cycle framework in the age of artificial intelligence: From agenda–setting to policy evaluation. *Government Information Quarterly, 37*(4), 101509.

03
AI와 디지털 포용

AI 시대 디지털 포용은 지역 공동체의 지속 가능성과 공정성 확보의 핵심 요소다. 이 장에서는 AI를 통해 디지털 격차를 해소하고, 정보 접근성과 기술 활용의 기회를 넓히는 방안을 제시한다. 특히 고령층, 농촌 지역, 다문화 공동체, 이주민 등 정보 소외 계층에 관한 기술 도입과 정책 설계를 통해 디지털 포용의 실현 가능성을 탐색한다.

AI와 난임 극복?

AI 시대의 디지털 포용 개념과 필요성

디지털 포용(Digital Inclusion)은 모든 개인이 디지털 기술과 인터넷에 제약 없이 접근하고, 이를 활용할 수 있도록 보장하는 사회적 원칙이다(Yates & Carmi, 2024). 하지만 접속 가능성만으로는 포용이 완성되지 않는다. 시민이 실제로 기술을 이해하고 문제 해결에 적용할 수 있는 디지털 리터러시(digital literacy) 확보가 함께 뒷받침해야 한다(Carmi & Yates, 2020). 이처럼 접근(Access)과 역량(Capability)이 결합된 포용 모델은 현대 사회에서 기본권으로 인식되며, 교육 · 보건 · 금융 · 사회 참여 등 삶의 전 영역을 지탱하는 필수 요건으로 자리매김하고 있다(Sleep & Harris, 2021).

특히, 디지털 포용은 경제적 계층 · 성별 · 인종 · 장애 여부 등 교차적 요인에서 비롯하는 정보 격차를 해소하는 핵심 메커니즘이다(Yates & Carmi, 2024). 현실적으로는 여전히 전 세계 인구의 약 26억 명(전체의 33%)이 인터넷에 접속하지 못해 '디지털 소외 계층'으로 남아 있으며, 이들 다수는 저소득 · 저교육 · 취약 지역에 집중돼 있다(ITU, 2023). 디지털 접근성이 제한된 사람들은 일자리, 교육, 보건 · 행정 서비스에서 사회적 배제(social exclusion)가 중첩될 위험이 높다(Alam & Imran, 2015).

따라서 디지털 포용 정책은 인프라 제공을 넘어 접근과 역량, 적용을 통합적으로 설계해야 하며, 특히 취약 계층 맞춤형 교육 보조 기기 지원, 다언어 콘텐츠 확보 등 포괄적 지원 체계를 병행할 때 정보 격차 해소와 사회 통합 효과를 극대화할 수 있다.

AI는 금융 · 교육 · 헬스케어 · 공공 서비스 등 거의 모든 분야로 확산하며 혁신의 촉매가 되고 있다(Mhlanga, 2020). 그러나 AI 시스템은 디지털 접근과 활용을 전제로 설계되기 때문에 이 기반이 취약한 집단은 혁신의 혜택이 아니라 배제의 위험에 노출된다. 대표적 사례가 스마트 시티 정책이다. 고학력 · 고소득층은 새로운 디지털 인프라와 서비스를 빠르게 수용하지만, 고령자 · 저소득층은 정보 격차(digital divide)가 오히려 심화하는 경향을 보인다(Kolotouchkina et al., 2024). AI가 도시 효율성을 높이는 한편, 사회 경제적 분절을 재생산할 수 있다는 경고 신호다.

공공 돌봄 · 헬스케어에서도 같은 문제가 반복된다. 팬데믹을 계기로 원격 의료와 챗봇 상담이 보편화했지만, 디지털 기기 · 네트워크 · 역량이 부족한 사람들은 필수 서비스를 제대로 이용하지 못해 건강 · 복지 사각지대에 놓인다(Sleep & Harris, 2021). 결국 AI 도입은 혁신성과 불평등성을 동시에 잠재하고 있으며, 디지털 포용 전략 없이는 사회적 불평등을 구조적으로 확대할 위험이 크다.

오늘날 디지털 기술은 현대 사회에 참여하기 위한 필수 조건이 되었다. 이에 따라 디지털 포용의 필요성은 여러 차원에서 강력하게 제기된다. 첫째, 사회적 권리 보장 차원에서 디지털 포용은 필수적이다. 현대 사회에서 교육, 취업, 건강 관리, 시민 참여 등 삶의 주요 기회들은 대부분 디지털 기술을 매개로 이루어지고 있다(Martzoukou & Elliott, 2016). 디지털 환경에 접근하지 못하는 것은 곧 사회적 기회로부터의 배제와 직결되며, 이는 사회적 불평등을 심화할 수 있다.

둘째, 민주적 참여 확대를 위해 디지털 포용이 절실하다. 현대 민주주의는 오프라인뿐 아니라 온라인 공간에서도 시민들의 적극적인 참여를 요구한다. 하이브리드 교육 모델과 디지털 시민권(digital citizenship) 개념은 모든 시민이 디지털 공간에서도 동등하게 발언하고 의견을 표명할 수 있어야 한다는 점을 강조한다(Pedersen et al., 2018). 디지털 공간에서의 소외는 곧 정치적 소외로 이어질 위험이 있다.

셋째, 사회 통합을 촉진하는 데 디지털 포용은 핵심 전략이다. 특히 고령자, 이주민, 저소득층과 같은 취약 계층은 디지털 기술을 통해 정착 지원, 고용 정보, 의료 및 교육 서비스에 접근할 수 있을 때 지역 사회에 성공적으로 통합될 가능성이 높아진다(Alam & Imran, 2015). 반대로 디지털 배제는 이들의 사회적 고립과 경제적 불평등을 심화한다.

넷째, 지속 가능한 발전을 위해 디지털 포용은 세계적으로 강조되고 있다. 유네스코와 유엔은 지속 가능한 개발 목표(SDGs) 가운데 SDG 4(모든 사람을 위한 포용적이고 공평한 양질의 교육 및 평생 학습 기회 보장) 달성에는 디지털 포용이 핵심이라고 지적한다(Silva & Brandao, 2024). 즉, 디지털 격차 해소는 교육의 형평성과 지속 가능한 사회 발전을 위한 기본 전제가 된다.

디지털 포용은 현대 사회에서 인간다운 삶을 영위하고 민주주의에 참여하며 사회적 통합과 지속 가능성을 실현하는 데 필수적인 조건임을 알 수 있다. AI 시대는 인류에게 생산성 향상, 편의성 증대, 삶의 질 향상이라는 새로운 가능성을 제공한다. 따라서 디지털 포용은 선택 가능한 정책이 아니라, 모든 사람을 위한 기본적 사회 권리를 보장하고, 지속 가능하고 공정한 디지털 사회를 구축하기 위한 사회적 책무로 인식되어야 한다. 결국 디지털 포용은 사람을 위한 기술을 실현하는 핵심 원칙이 되어야 한다.

AI 접근성과 디지털 격차 해소

AI 시대는 디지털 격차(digital divide)를 더욱 심화할 가능성을 내포하고 있다. 디지털 격차는 디지털 기술을 효과적으로 활용할 수 있는 능력의 차이까지 포괄하는 개념이다(Gunkel, 2003; Ishmuradova et al., 2024). 소득, 교육 수준, 지역(도시-농촌), 연령, 성별, 장애 여부 등 다양한 사회 경제적 요인이 디지털 격차를 심화하고 있으며(Pelaez-Sanchez & Glasserman-Morales, 2023), 이는 결과적으로 사회적 포용과 지속 가능한 발전에도 중대한 영향을 미치고 있다.

특히 AI 기술은 디지털 역량을 요구하고, 복잡한 데이터 활용을 전제로 하기에, 이러한 자원이 부족한 개인과 집단이 더욱 소외될 위험이 있다(Qureshi et al., 2025). 따라서 디지털 포용 전략은 사회 전반에 깊숙이 뿌리내린 디지털 격차를 정교하고 적극적으로 해소하는 방향으로 확장되어야 한다. 이를 위한 핵심 축은 다음 네 가지다.

첫째, 디지털 리터러시 교육이다. AI 시대의 시민은

데이터 해석 능력, 비판적 사고, 개인 정보 보호 역량, 알고리즘 편향 이해를 갖춰야 한다(Carmi & Yates, 2020). 이러한 능력은 알고리즘의 위험과 불평등을 식별·대응하게 해 주며, 현대 시민성의 필수 조건으로 자리 잡았다(Choudhary & Bansal, 2022).

둘째, 디지털 접근성 개선이다. 장애인, 고령자, 기술 취약 계층이 배제되지 않도록 사용자 친화적 인터페이스, 보조 기기, 접근성 표준을 확립해야 한다(Kolotouchkina et al., 2024). 이는 '누구나 사용할 수 있는 공공 기술'이라는 포용적 가치를 구체화하는 전제다.

셋째, 사회적 약자 맞춤 지원을 병행해야 한다. 저소득층과 농촌 거주민 등 디지털 접근성이 취약한 사회 경제적 집단에게는 무료 인터넷 지원, 저가나 무상 단말기 보급, 기초 교육을 제공해 정보 접근과 사회 참여의 이중 격차를 동시에 해소해야 한다(Alam & Imran, 2015; Pawluczuk et al., 2021). 이러한 다층적 접근이 사회적 약자의 디지털 격차 해소와 AI 혜택 공유를 실질적으로 촉진한다.

마지막 축은 정책 연계와 통합 추진이다. 디지털 포용이 지속력을 가지려면 교육·복지·노동·지역 개발 등 다수 정책 분야와 수평적으로 결합되어야 한다

(Hirblinger, 2020; Qureshi et al., 2025). 이를 위해 지방 정부는 지역 사회와 파트너십을 맺어 참여형 모델을 실천하고, 디지털 포용을 개별 사업이 아닌 공공 인프라로 제도화해야 한다.

AI 시대의 디지털 포용은 전 사회적 생태계 구축을 전제로 한다. 이런 구조적 · 다층적 대응이 뒷받침할 때만이 디지털 격차와 사회적 불평등의 악순환을 끊고, 모든 시민이 AI 혁신의 혜택을 고르게 누릴 수 있다. 따라서 AI 기반 사회로의 전환기에서 정보 접근성 확대와 격차 해소는 사회 정의와 인권의 과제이며, 이를 위한 종합 전략 수립이 시급하다.

AI가 미치는 사회 및 윤리 문제

AI 기술의 급속한 발전은 인간의 삶을 혁신적으로 변화시키는 동시에 다양한 사회적, 윤리적 문제를 초래하고 있다. 특히 학계와 산업 간 연구 경계가 모호해지면서, 기술 개발과 활용 과정에서 예상치 못한 부작용이 심화하고 있다(Yates & Carmi, 2024). AI가 일상에 깊숙이 적용되면서 머신 러닝 모델의 편향성, 의사 결정 알고리즘의 공정성, 데이터 수집 과정의 개인 정보 보호, 미디어 소비의 양극화 및 필터 버블(filter bubble) 현상 등 다양한 사회 기술적 이슈가 발생하고 있다(Littman et al., 2021; Carmi & Yates, 2020).

특히 기술해결주의(techno-solutionism)는 인공지능 분야에서 시급히 해결해야 할 과제다. 기술해결주의는 AI가 모든 사회 문제를 해결할 수 있는 만능 해결책인 것처럼 간주하는 경향을 의미한다. 그러나 실제로 기술은 문제를 해결하는 과정에서 새로운 유형의 불평등, 차별, 사회적 비용을 발생시키기도 한다(Hirblinger, 2020). 예를 들어, 구글(Google)의 추천 알고리즘은 사용자의 상호 작용 데이터를 기반으로 가장 '관련성 높은' 콘텐츠를 추천하지만, 만약 데이터 자체가 편향되어 있다면 알고리즘은 그 편향을 강화하는 결과를 초래할 수 있다(Littman et al., 2021). 모든 기술은 특정 사회적 맥락과 권력 구조 속에서 설계되고 작동하기 때문에, 기술적 해결책이 오히려 기존 문제를 심화하는 경우가 적지 않다(Kolotouchkina et al., 2024).

AI 의사 결정 알고리즘의 공정성은 특히 사회적 맥락과 밀접하게 연관되어 있다. 머신 러닝 모델은 과거 데이터를 학습하는데, 이 데이터에는 이미 존재하는 사회 구조의 편향성이 내재해 있을 수 있다(Sloane, 2022). 최근 연구들은 알고리즘이 중립적이라는 기존의 통념을 반박하고, AI가 기존의 권력 불균형, 불평등, 차별 문화를 그대로 재생산하거나 심화할 수 있다는 점을 강조한다(Littman et al., 2021; Sleep & Harris, 2021). 따라서 AI 시스템 개발 초기부터 공정성과 투명성을 내재화하는 접근이 필수적이다.

AI는 방대한 양의 개인 데이터가 있어야 하며, 이에 따라 개인 정보 보호 문제가 핵심 윤리 이슈로 떠오르고 있다(Carmi & Yates, 2020). 데이터 수집 과정에서 개인의 사적 정보가 무분별하게 활용될 경우, 프라이버시 침해뿐만 아니라 자율성 침해, 감시 사회 심화 등의 부작용이 나타날 수 있다(Sleep & Harris, 2021). 특히 AI 기술이 공공 서비스, 금융, 의료 등 다양한 분야에 도입되면서, 개인 정보의 수집과 활용에 대한 엄격한 기준과 윤리적 가이드라인이 요구된다(Silva & Brandao, 2024).

AI 기반 추천 시스템은 또 다른 미디어 소비 양극화 같은 사회 문제를 야기하고 있다. 추천 알고리즘은 사용자의 기존 선호를 분석해 맞춤형 콘텐츠를 제공하지만, 이는 결과적으로 필터 버블과 확증 편향 현상을 초래할 수 있다(Littman et al., 2021). 사용자는 자신과 유사한 견해만 접하게 되어 급진화와 사회적 양극화가 심화할 위험이 있다(Kolotouchkina et al., 2024). 이는 사회적 소통을 저해하고, 민주적 담론의 다양성과 포용성을 약화할 수 있다(Pedersen et al., 2018).

AI 발전은 엄청난 가능성을 제공하는 동시에 심각한 사회적, 윤리적 위험을 수반한다. 따라서 기술 개발과 활용에는 기술적 효율성 추구를 넘어, 사회적 맥락을 고려한 포괄적 윤리 원칙과 정책적 개입을 병행해야 한다(Hirblinger, 2020; Yates & Carmi, 2024). 이는 AI 기술을 보다 공정하고 투명하며, 인간 존엄성과 사회적 신뢰를 보장하는 방향으로 이끌기 위한 필수 조건이다.

AI 기반 디지털 포용 정책

AI 발전이 사회 전반에 미치는 영향이 커짐에 따라 다양한 기관과 단체들이 윤리적 AI 원칙을 제시하고 있다. 그러나 플로리디와 카울스(Floridi & Cowls, 2019)는 이러한 상황이 오히려 원칙의 과잉과 혼란을 초래할 위험이 있다고 지적한다. 서로 다른 기관들이 제시하는 다수의 원칙은 표현상의 차이를 보일 수 있으나, 실제로는 상당한 수준의 공통성을 지니고 있다는 점을 이들은 강조한다.

플로리디와 카울스(2019)는 대표적인 여섯 개의 AI 윤리 선언문을 비교 분석해, 기존 생명 윤리 분야에서

널리 통용되어 온 네 가지 원칙, 즉 선행(beneficence), 악행 금지(non-maleficence), 자율성(autonomy), 정의(justice)가 AI 윤리에도 핵심적으로 적용될 수 있음을 확인했다. 이 네 가지 원칙은 오랫동안 생명 윤리 분야에서 실천적 기준으로 활용됐으며, AI와 같은 복합적 기술이 인간 삶에 미치는 영향을 규범적으로 평가하는 데에도 유의미하게 전이될 수 있다는 점에서 주목된다. 이들은 각각 AI 시스템이 사회에 긍정적 이익을 제공하고, 피해를 최소화하며, 개인의 권리를 존중하고, 공정하게 작동해야 함을 의미한다.

하지만 AI는 기존 기술과 달리 높은 복잡성과 비가시성을 특징으로 하며, 이로 인해 전통적인 생명 윤리 원칙만으로는 충분한 대응이 어렵다는 한계가 드러난다. 이러한 문제의식을 바탕으로 '설명 가능성(explicability)'이라는 새로운 원칙을 추가할 것을 제안했다. 설명 가능성은 AI 시스템이 어떻게 작동하는지를 이해 가능성(intelligibility)과 책임 소재(accountability)라는 두 측면에서 명확히 하는 것을 의미한다. 이는 AI의 결정 과정이 사회적으로 설명 가능하고, 책임을 물을 수 있도록 해야 한다는 윤리적 요구를 포함한다.

설명 가능성은 특히 공공 서비스, 금융, 의료 등 사회적 민감성이 높은 영역에서 AI가 활용될 때 필수적으로 확보해야 할 윤리적 조건이다. 이는 AI 시스템이 신뢰를 기반으로 사회 전반에 수용되기 위해 반드시 충족해야 할 기준으로, 사회적 신뢰(social trust) 형성과 시민 수용성(public acceptance)을 위한 핵심 요소로 간주한다(Carmi & Yates, 2020; Hirblinger, 2020).

최근 연구들은 디지털 포용을 디지털 기기의 접근성 향상에 한정하지 않고, 그 이면의 사회적, 경제적, 문화적 장벽까지 함께 해소해야 한다고 강조한다(Wagg & Simeonova, 2022; Ishmuradova et al., 2024). 디지털 포용은 기술적 접근성과 함께 디지털 리터러시를 키우고, 구조적 배제를 줄이는 다층적 전략이 있어야 한다(Patole et al., 2025).

이러한 관점에서 AI 개발과 활용이 사회에 긍정적인 결과를 가져오기 위해서는 체계적 정책 기반이 필수이다. 우선해서, 법과 규정의 정비가 필요하다. AI 시스템의 설계, 개발, 운용 전 과정에 윤리 원칙을 일관되게 반영하도록 하는 법적 기반을 마련해야 한다. 이는 개인 정보 보호, 알고리즘의 투명성 확보, 의사 결정 책임 추적성 보장을 포함하며, 시민의 권리와 신뢰를 보호하는 방파제 역할을 한다(Sleep & Harris, 2021; Bailey &

Nyabola, 2021).

둘째, 기술 표준 및 모범 사례 확립이 이뤄져야 한다. 산업과 행정 전반에 적용 가능한 기술 표준, 인증 제도와 윤리적 설계를 촉진하는 가이드라인을 정립해 기업과 기관이 자율적이면서도 효과적으로 윤리 원칙을 이행할 수 있는 토대를 제공해야 한다(Kolotouchkina et al., 2024; Jaeger et al., 2012). 이를 위해 정부 · 산업 · 학계 · 시민 사회가 참여하는 다자간 협의체를 구성하고, 주기적 점검 · 보완 과정을 거쳐 표준 가이드라인을 '살아 있는 규범'으로 진화시켜야 한다.

셋째, 포용성 강화를 위한 노력을 병행해야 한다. AI 윤리 논의가 서구 중심적 시각에 머무르지 않고, 다양한 지역, 문화, 사회적 맥락을 적극 반영해야 한다. 특히 디지털 소외 계층, 성별 디지털 격차와 같은 구조적 불평등 문제를 해결하는 것은 윤리적 AI의 필수 조건이다(Alam & Imran, 2015; Pawluczuk et al., 2021). 이를 통해 AI 시스템이 글로벌 차원의 공정성과 형평성을 실질적으로 담보할 수 있다.

넷째, 보다 구체적이고 세밀한 다층적 디지털 포용 전략이 필요하다. 지역 사회 기반 디지털 교육, 저소득층 대상 맞춤형 프로그램, 젠더 기반 디지털 포용 정책 등을 설계 · 실행함으로써 포용적 디지털 환경을 조성해야 한다(Wagg & Simeonova, 2022). 이를 통해 기술이 사회적 배제를 심화하는 것이 아니라, 오히려 사회적 통합을 촉진하는 방향으로 작용할 수 있다.

AI 기반 디지털 포용 정책은 사회적 신뢰를 구축하고, 공정성과 다양성을 강화하며, 모두를 위한 지속 가능한 디지털 사회를 만들어 가는 것을 목표로 설계해야 한다. 이러한 비전은 플로리디와 카울스(2019)가 제시한 다섯 가지 윤리 원칙, 선행, 악행 금지, 자율성, 정의, 그리고 설명 가능성에 근거해, AI 기술이 인간 존엄성과 사회적 가치를 지향하는 방향으로 나아가야 함을 강력히 시사한다.

참고문헌

Alam, K. & Imran, S.(2015). The digital divide and social inclusion among refugee migrants. *Information Technology & People, 28*(2), pp.344～365.

Bailey, L. E. & Nyabola, N.(2021). *Digital equity as an enabling platform for equality and inclusion*. Pathfinders for Peaceful, Just and Inclusive Societies, Center on International Cooperation, New York University.

Carmi, E. & Yates, S. J.(2020). What do digital inclusion and data literacy mean today? *Internet Policy Review, 9*(2).

Choudhary, H. & Bansal, N.(2022). Addressing digital divide through digital literacy training programs: A systematic literature review. *Digital Education Review, 41*, pp.224~248.

Floridi, L. & Cowls, J.(2019). A unified framework of five principles for AI in society. *Harvard Data Science Review, 1*(1), pp.1~15.

Gunkel, D. J.(2003). Second thoughts: Toward a critique of the digital divide. *New Media & Society, 5*(4), pp.499~522.

Hirblinger, A. T.(2020). *Digital inclusion in peacemaking: A strategic perspective*. CCDP Working Paper 14.

International Telecommunication Union(2023). "Facts and figures 2023: Internet use". https://www.itu.int/itu-d/reports/statistics/2023/10/10/ff23-internet-use/

Ishmuradova, I. I. et al.(2024). A decadal review of the role of communication-mobile technologies in promoting digital inclusion: Digital divide. *Online Journal of Communication and Media Technologies, 14*(3), e202438.

Jaeger, P. T. et al.(2012). Digital divides, digital literacy, digital inclusion, and public libraries. *Public Library Quarterly, 31*(1), pp.1~20.

Kahne, J. et al.(2016). Redesigning Civic Education for the Digital Age: Participatory Politics and the Pursuit of Democratic Engagement. *Theory & Research in Social Education, 44*(1), pp.1~35.

Kolotouchkina, O. et al.(2024). Smart cities, digital inequalities, and the challenge of inclusion. *Smart Cities, 7*(6), pp.3355~3370.

Littman, M. L. et al.(2021). Gathering strength, gathering storms: *The One Hundred Year Study on Artificial Intelligence (AI100) 2021 Study Panel Report.* Stanford University. https://ai100.stanford.edu/2021-report

Martzoukou, K. & Elliott, J.(2016). The development of digital literacy and inclusion skills of public librarians. *Communications in Information Literacy, 10*(1), pp.99~115.

Mhlanga, D.(2020). Industry 4.0 in finance: The impact of artificial intelligence (AI) on digital financial inclusion. *International Journal of Financial Studies, 8*(3), 45.

Patole, S. et al.(2025). Digital inclusion and systemic barriers: The role of technology in shaping the participation of women of color in hybrid workspaces. International Journal on *Integrating Technology in Education, 14*(1), pp.39~56.

Pawluczuk, A. et al.(2021). Bridging the gender digital divide: An analysis of existing guidance for gender digital inclusion programmes' evaluations. *Digital Policy, Regulation and Governance, 23*(3), pp.287~299.

Pedersen, A. Y. et al.(2018). Patterns of inclusion: Fostering digital citizenship through hybrid education. *Educational Technology & Society, 21*(1), pp.225~236.

Pelaez-Sanchez, C. & Glasserman-Morales, L. D.(2023). Gender digital divide and women's digital inclusion: A systematic mapping. *Multidisciplinary Journal of Gender Studies, 12*(3), pp.258~282.

Qureshi, I. et al.(2025). From digital divide to digital equity and inclusion. *Proceedings of the 58th Hawaii International Conference on System Sciences*, pp.6669~6670.

Silva, F. L. & Brandao, A. A. F.(2024). Innovative approaches in education: A systematic literature review on computer-supported collaborative activities and digital inclusion for youth and adult education. *IEEE Frontiers in Education Conference*.

Sleep, L. & Harris, P.(2021). The importance of digital inclusion in accessing care and support in our increasingly digitised world. *Journal of Social Inclusion, 12*(2), 1.

Sloane, M.(2022). Threading innovation, regulation, and the mitigation of AI harm: Examining ethics in national AI strategies. In Tinnirello, M. (Ed.), *The global politics of artificial intelligence* pp.1~28). Chapman and Hall/CRC.

Wagg, S. & Simeonova, B.(2022). A policy-level perspective to tackle rural digital inclusion. *Information Technology & People, 35*(7), pp.1884~1911.

Yates, S. & Carmi, E.(2024). *Digital inclusion: International policy and research*. Palgrave Macmillan.

04
AI와 스마트 공동체

AI는 주민의 삶의 질을 향상하는 '스마트 공동체' 구현에 핵심 역할을 한다. 이 장에서는 생활 인프라, 복지, 환경 등에서의 AI 응용 사례를 통해 지역 공동체의 디지털 기반이라 할 수 있는 '스마트 공동체' 환경 변화를 살펴본다.

AI와 사주?

스마트 공동체의 개념과 구성 체계

스마트 공동체(smart community)는 ICT, AI, IoT, 빅 데이터 등의 첨단 기술을 활용해 지역 주민들의 삶의 질을 향상하고, 지속 가능한 사회를 구현하는 공동체를 의미한다(Sun et al., 2014; Antonelli & Cappiello, 2022). 스마트는 기술적 혁신을 가리키는데, 여기에 인간적 유대 · 공통 규범 · 상호 책임으로 묶이는 생활 집단이란 공동체 개념이 추가되면서 주민 참여, 지역 특성 존중, 지속 가능성까지 포괄하는 사회 · 기술 통합형 모델로 이해해야 한다.

스마트 공동체는 디지털 인프라 구축을 토대로 주민 참여와 공동 거버넌스를 강화하고, 이를 통해 사회적 포용성과 지속 가능성을 추구하며, 지역 맞춤형 혁신을 촉진해 공동체 자립성을 높이는 단계적 발전 모델을 지향한다(Okubo et al., 2022). 다시 말해, 기술 인프라가 주민 참여를 가능하게 하고, 참여 과정에서 형성된 협력 거버넌스가 포용적 · 지속 가능한 서비스를 창출하며, 이러한 서비스가 지역의 고유 자원과 결합될 때 비로소 자립적이고 회복력 있는 공동체가 완성된다. 결국 스마트 공동체의 목표는 지역 사회의 자립성과 사회적 포용을 동시에 확대해 장기적으로 지속 가능한 지역 기반을 구축하는 것이다.

스마트 공동체는 크게 도시형 모델(Smart City)과 농어촌형 모델(Smart Village)로 구분할 수 있으며, 각각의 특성과 목표는 다르지만, 통합적 시각이 필요하다. 스마트 시티는 대규모 도시 인프라를 디지털화해 교통 혼잡, 에너지 소비, 환경 오염 등 대도시 문제를 해결하고, 시민 중심의 삶의 질 향상을 목표로 한다(Gil-Garcia et al., 2020; Sun et al., 2014). 주요 구성 요소는 스마트 인프라(스마트 교통, 빌딩, 에너지), 빅 데이터 기반 도시 관리(교통량 분석, 에너지 사용 최적화), 시민 참여 플랫폼(디지털 민주주의, 공공 데이터 개방), 지속 가능한 개발 목표(SDGs)와 연계돼야 한다. 스마트 시티는 특히 복잡한 도시 문제를 해결하기 위해 기술 통합과 시민 중심 거버넌스를 병행해야 한다(Fernandez-Carames & Fraga-Lamas, 2021).

스마트 빌리지는 농어촌 지역의 고령화, 저밀도 인구, 경제 쇠퇴 등의 문제를 해결하기 위해 디지털 기술을 접목하는 모델이다(Herdiana, 2023; Cha & Park, 2019). 주요 특징은 커뮤니티 기반 서비스(고령자 돌봄, 원격 의료), 지역 자원 연결(스마트 농업, 지역 생산물 유통 최적화), 지속 가능한 공동체 유지(Aging in Place 지원),

사회적 포용성 강화(디지털 소외 계층 지원)다. 스마트 빌리지는 삶의 질을 향상하는 것을 목표로 문화적 공감대 형성, 주민 역량 강화라는 과정을 필수적으로 수반해야 한다.

도시와 농촌은 기술 적용 방식, 인프라 수준, 사회적 요구가 다르지만, 지속 가능성(sustainability)과 주민 중심성(community-centeredness)이라는 핵심 가치는 공유된다(Zavratnik et al., 2020). 따라서 스마트 공동체는 도시형 모델과 농어촌형 모델을 통합적으로 이해할 필요가 있다.

도시에서는 기술 활용이 자동화와 시스템 효율화에 중점을 두지만, 농어촌에서는 인간 중심의 연결성 강화를 중심으로 접근한다. 사회적 목표 측면에서도, 도시형 모델은 대규모 교통 흐름, 에너지 소비, 환경 오염 등 복합적인 도시 문제를 해결하는 데 집중하는 반면, 농어촌형 모델은 삶의 질을 유지하고 지역 사회를 활성화하는 접근을 우선시한다.

거버넌스 구조에서는 도시와 농촌 모두 주민 주도적 참여, 지속 가능성, 디지털 포용성을 핵심 가치로 삼아야 하며, 이러한 통합적 시각은 각각의 지역이 고유한 필요와 특성에 따라 독자적으로 발전하는 동시에, 스마트 공동체라는 보편적 가치 체계를 실현하는 데 필수적이다. 또한 기술 접근성과 역량 격차를 최소화함으로써 모든 주민이 스마트 서비스의 혜택을 누릴 수 있도록 해야 한다.

스마트 공동체는 지역 사회의 특성과 주민의 필요를 중심에 두고, 기술을 수단으로 삼아 사회적 지속 가능성을 실현하는 방향으로 발전해야 한다. 도시형 스마트 시티와 농어촌형 스마트 빌리지는 서로 다른 경로를 걷고 있지만, 궁극적으로는 사람과 지역을 연결하고 지속 가능한 미래를 여는 동일한 목표를 지향한다.

AI 지역 맞춤형 서비스와 15분 도시 구축

도시화는 급속히 진행되었고, 이에 따라 환경적 파괴, 사회적 양극화, 경제적 불균형 등 다양한 도전 과제가 더욱 심화되었다. 이러한 복합적 문제에 대응하기 위한 새로운 도시 개발 모델로, '15분 도시(15-minute city)' 개념이 주목받고 있다. 이는 도시민이 일상생활에 필요한 서비스, 예컨대 주거, 직장, 교육, 보건, 여가 등을 도보나 자전거로 15분 이내에 접근할 수 있도록 설계된 지역 중심의 도시 구조를 지향한다(Pozoukidou & Angelidou, 2022).

최근에는 AI가 이러한 15분 도시 구축과 스마트 공동

구현에 핵심적인 역할을 하게 되었다. 이는 교통량과 탄소 배출을 줄이고, 지역 공동체 결속을 강화하며, 삶의 질을 높이는 데 기여할 수 있다. 그러나 기존 연구들은 15분 도시가 시간과 거리 개념에 그칠 경우, 오히려 사회적 불평등을 심화할 수 있다고 지적한다(Casarin et al., 2023). 따라서 지역 특성을 반영한 데이터 기반 설계와 적극적인 주민 참여가 필수적이다.

AI는 지역별 생활 방식을 실시간으로 분석하고, 도시 인프라를 정밀하게 최적화하는 역할을 한다(Terrell, 2024). 예를 들어, Placer.ai 데이터 분석은 팬데믹 이후 미국 위스콘신주 메디슨 도심지 지역의 경제 회복과 이동성 변화를 평가하는 데 기여했다. 이러한 데이터 기반 접근은 지역 맞춤형 서비스 구축, 공공 인프라 개선, 지역 상권 활성화에 필수적이다. 또한 AI 분석은 통계적 접근을 넘어, 지역의 경제 사회적 취약성을 조기에 포착해 보다 선제적인 정책 개입을 가능하게 한다(Ylipulli & Luusua, 2019).

AI를 활용한 15분 도시 구축은 지속 가능한 도시 발전과 시민 삶의 질 향상이라는 긍정적 가능성을 내포하고 있다. 그러나 이러한 모델이 성공적으로 작동하기 위해서는 여러 구조적 한계와 위험 요소를 신중하게 고려해야 한다. 카사린 등(Casarin et al., 2023)은 15분 도시가 이론적으로는 모든 시민에게 평등한 접근성을 제공할 것을 지향하지만, 실제로는 고소득층 거주 지역만 고품질 서비스 접근을 보장하고, 저소득 지역은 오히려 소외될 수 있다고 비판한다. 즉, '사회적 믹스(social mix)'라는 이상이 현실에서는 충분히 실현되지 않는 경우가 많으며, 결과적으로 기존의 도시 불평등 구조를 강화할 위험이 존재한다.

알람 등(Allam et al., 2022)은 15분 도시를 구현하는 과정에서 AI와 빅 데이터 등 첨단 기술 활용이 불가피하지만, 이에 따른 디지털 불평등이 새로운 사회적 격차를 심화할 수 있다고 지적한다. 기술 활용 능력, 데이터 접근권, 디지털 플랫폼 이해도 등에 따라 시민 간 격차가 벌어질 수 있으며, 이는 15분 도시의 포용성에 걸림돌이 될 수 있다.

포주키두와 안젤리두(Pozoukidou & Angelidou, 2022)는 15분 도시의 데이터 기반 계획이 결국 공공 공간에 대한 과도한 감시 및 통제 시스템으로 이어질 수 있음을 경고했다. 특히, 개인의 위치 데이터와 이동 패턴 데이터가 국가나 민간 기업에 의해 수집·분석될 경우, 시민의 프라이버시가 침해되고 사회적 신뢰가 약화할 수 있는 심각한 위험이 존재한다.

또한 테이셰이라 등(Teixeira et al., 2024)은 15분 도시 개념이 다양한 도시와 지역의 맥락 차이를 충분히 고려하지 않는다면, 일률적이고 비현실적인 정책 모델로 전락할 수 있다고 지적했다. 특히, 농어촌 지역이나 저밀도 도시 환경에서는 15분 생활권을 실현하기 위한 인프라 구축이 비현실적일 수 있으며, 이에 대한 세심한 정책적 조정이 필요하다.

AI는 15분 도시를 설계하고 실행하는 데 매우 강력한 도구가 될 수 있다. 그러나 기술 중심적 논리를 비판 없이 수용하는 것에서 벗어나, 지역의 사회·경제적 특성을 정밀하게 반영하고, 시민 주도형 참여 모델을 구축하며, 디지털 포용과 윤리적 데이터 거버넌스를 기반으로 하는 접근이 필수적이다. 나아가 15분 도시 모델이 내포하는 비판적 한계를 진지하게 수용하고, 포용성과 형평성을 최우선 가치로 삼는 '비판적 15분 도시 모델(Critical 15-Minute City Model)'을 개발할 필요가 있다. 이 모델은 도시의 공간 구조를 재편하는 것을 넘어, 지역사회 내부의 불평등과 소외를 해소하고, 기술을 통한 실질적 시민 역량 강화와 공동체 회복을 목표로 해야 한다.

AI와 지역 주민의 상호 작용 및 참여 방식

AI가 지역 사회에 점점 더 깊숙이 스며들면서, 지역 주민 간의 상호 작용, 그리고 이에 기반한 시민 참여 방식의 재구성이 중요한 과제가 되고 있다. AI는 지역 공동체 구성원들과 새로운 관계 맺기를 요구하고 있으며, 이에 따라 참여적 민주주의의 새로운 형태를 모색하고 있다(Sieber et al., 2024).

우선, AI는 공공 의사 결정 과정에서 지역 주민의 참여를 촉진할 다양한 가능성을 제공한다. 예를 들어, 자연어 처리(NLP) 기술을 통해 시민 의견을 자동 분석하거나, 컴퓨터 비전 기술을 활용해 도시 환경 문제를 모니터링하는 방식은 주민 참여의 효율성과 범위를 확장하는 데 기여하고 있다(Sieber et al., 2024). 그러나 AI 기술의 불투명성과 복잡성은 동시에 실질적이고 의미 있는 시민 참여를 어렵게 만들기도 한다. 따라서 지역 주민이 AI 시스템에 대한 이해를 높이고, 그 설계 및 활용 과정에 실질적으로 참여할 수 있도록 지원하는 체계를 마련해야 한다(Kahne et al., 2016).

특히 크라우드소싱(crowdsourcing)은 지역 사회 차원에서 시민 참여를 확대하는 효과적인 수단으로 주목받고 있다. 체코 오스트라바(Ostrava) 사례는 크라우드

소싱을 활용해 시민들이 도시 전략 계획 수립에 참여하도록 한 성공적 모델을 보여 준다(Haltofova, 2018). 이 과정에서 시민들은 도시 문제를 식별하고 해결 방안을 제시하는 데 실질적 역할을 수행함으로써 수동적 수혜자가 아니라 적극적 주체로 자리매김할 수 있었다.

AI 기반 지역 참여 방식은 크게 다섯 가지 주요 경로로 구분할 수 있다(Sieber et al., 2024). 첫째, 정부 자동화를 통한 자연스러운 참여다. 행정 절차가 디지털화하고 자동화함에 따라 시민들의 피드백이 자연스럽게 수집되고 활용된다. 둘째, AI를 매개로 한 참여다. 예를 들어, 챗봇을 통한 민원 응대, 온라인 플랫폼을 통한 시민 의견 수렴이 이에 해당한다.

셋째, AI 참여의 양적 측정화 경향이다. 이 경우 시민 의견은 정성적 맥락보다는 정량적 데이터로 환원된다. 넷째, 신뢰의 기술 관료제로서의 참여다. 전문가 집단이 AI를 통해 공공 신뢰를 유지하거나 강화하려는 접근이 여기에 해당한다. 다섯째, 의미 있는 참여를 지향하는 방식이다. 이는 주민의 역할이 피드백 제공자에 그치는 것이 아니라, AI 시스템의 기획·설계 단계부터 주체적으로 관여하는 방식을 뜻한다.

이와 같은 AI 기반 참여 방식의 다층성과 복합성은 지역 주민 참여를 설계할 때 기술 중심이 아니라 사회적 권력관계, 정보 접근성, 디지털 격차 문제를 함께 고려해야 함을 시사한다(Pesch et al., 2019). 또한 디지털 미디어를 통한 참여 정치는 기존 제도 정치와 다른 방식으로 작동하며, 특히 젊은 세대를 중심으로 활발히 확산하고 있다는 점도 주목할 필요가 있다(Kahne et al., 2016). 따라서 지역 거버넌스 설계자는 AI를 사회적 역학과 세대별 참여 문화가 교차하는 복합적 매개체로 인식해야 한다. 즉, 기술적 혁신에 앞서 정보 접근권, 세대 · 문화 차이를 종합적으로 진단하고, 온 · 오프라인을 아우르는 하이브리드 참여 경로와 포용적 의사 결정 절차를 제도화해야만 실질적 주민 참여와 민주적 정당성을 동시에 확보할 수 있다.

AI 시대의 지역 주민 참여는 지역 사회 문제 정의, 정책 기획, 의사 결정 과정에 실질적으로 관여하는 방향으로 재구성되어야 한다. 이를 위해서는 AI 투명성, 주민 역량 강화 교육, 시민 참여 플랫폼 구축 등 다각적인 노력을 동반해야 하며, 지역 맞춤형 참여 모델을 설계하는 데 사회적 신뢰 구축이 핵심 요소로 자리매김해야 한다.

스마트 공동체를 위한 AI 정책 실행

스마트 공동체의 성공적 구현을 위해서는 지역 사회 특성과 사회적 가치를 깊이 고려한 체계적이고 통합적인 AI 정책 실행 전략이 필수적이다. 기술은 목표가 아니라 수단이며, 궁극적으로는 지역 주민의 삶의 질을 향상하고, 지속 가능한 사회를 실현하는 데 기여해야 한다.

우선, 스마트 공동체를 위한 AI 정책 실행 전략으로 인간 중심(Human-Centric) AI 설계가 최우선이 되어야 한다. 스마트 공동체에서 AI는 기술적 완성도가 아니라, 인간의 삶을 중심에 두고 설계되어야 한다. 이는 AI가 주민 일상에 자연스럽게 통합되고, 삶의 질 향상에 직접적으로 기여해야 한다는 기본 원칙을 뜻한다(Sun et al., 2014). 예를 들어, 고령자의 자립적 삶을 지원하는 'Aging in Place' 전략에 따라, AI 기반 건강 모니터링 시스템이나 원격 돌봄 서비스의 도입은 필수적이다 (Wiles et al., 2012).

둘째, AI의 효과적 활용을 위해서는 지역 기반 데이터 거버넌스 체계를 구축하는 것이 중요하다. 데이터 생성, 접근, 활용, 공유의 전 과정에서 지역 주민의 권리 보호와 참여를 제도적으로 보장하는 체계가 마련되어야 한다(Zavratnik et al., 2020). 특히, 공공 데이터 개방과 데이터 협력을 활성화함으로써 다양한 지역 이해관계자가 AI 기반 문제 해결에 공동으로 참여할 수 있어야 한다 (Moretti et al., 2022). 이는 데이터 기반 지역 사회 혁신의 출발점이 된다.

셋째, 스마트 공동체를 뒷받침할 수 있는 디지털 인프라는 일시적인 구축이 아니라 지속 가능한 방식으로 설계해야 한다. 에너지 효율이 높은 스마트 그리드, 스마트 교통 시스템, 친환경 도시 인프라 구축은 필수이며, 이러한 시스템들은 AI 기술을 통해 최적화하고 자율적으로 운영해야 한다(Fernandez-Carames & Fraga-Lamas, 2021). 기술적 지속 가능성은 지역의 사회 · 경제적 지속 가능성과 긴밀히 연결되어야 한다.

넷째, AI 기반 서비스가 특정 집단이나 지역에만 편중되지 않도록, 디지털 포용 정책을 강화해야 한다. 스마트 시티와 스마트 빌리지 모두에서 고령자, 장애인, 저소득층, 농어촌 주민 등 디지털 소외 계층을 위한 맞춤형 접근성 향상 전략이 요구된다(Herdiana, 2023; Cha & Park, 2019). 특히 스마트 빌리지 모델에서는 주민과 지역 공동체 중심의 작은 단위에서부터 AI 시스템을 구축하는 상향식(Bottom-up) 접근이 중요하며, 이는 기술 수용성과 공동체 자율성을 동시에 높이는 데 기여할 수 있다.

다섯째, AI 시스템의 개발과 활용 과정에는 지역 주민들이 적극적으로 참여할 수 있어야 하며, 이를 위해 시민 참여형 거버넌스 모델이 필요하다. 공청회, 시민 참여형 예산제, 디지털 민주주의 플랫폼 등을 통해 주민들은 AI 기반 정책의 방향성과 우선순위를 설정하는 과정에 직접 목소리를 낼 수 있어야 한다(Gil-Garcia et al., 2020). 이는 AI 정책의 사회적 정당성과 신뢰성을 높이는 핵심 기제가 된다.

마지막으로, 스마트 공동체의 AI 정책은 반드시 윤리적이고 책임 있는 운용 원칙을 기반으로 해야 한다. 데이터 프라이버시 보호, 알고리즘의 투명성과 공정성 확보, 명확한 책임 주체 설정은 기본이며, 특히 공공 부문 AI 시스템에서는 사후 구제와 손해 배상 메커니즘까지 체계적으로 마련해야 한다(Fernandez-Carames & Fraga-Lamas, 2021).

스마트 공동체를 위한 AI 정책 실행은 기술적 효율성만을 추구하는 것이 아니라, 인간 중심 가치, 지역 사회 특성 존중, 사회적 포용성 강화를 종합적으로 고려하는 통합 전략을 요구한다. 앞으로의 AI 기반 스마트 공동체는 기술 혁신과 주민 자율성, 공동체성, 지속 가능성을 조화롭게 추구해야 하며, 이를 위해 정부, 기업, 시민 사회 모두의 긴밀한 협력과 거버넌스 혁신이 함께 뒷받침해야 한다.

참고문헌

Allam, Z. et al.(2022). The 15-minute city offers a new framework for sustainability, liveability, and health. *The Lancet Planetary Health, 6*(3), e181.

Antonelli, G. & Cappiello, G.(2022). *Smart Development in Smart Communities.* Springer.

Calzada, I.(2021). Smart City Citizenship. Elsevier.

Casarin, G. et al.(2023). Rethinking urban utopianism: The fallacy of social mix in the 15-minute city. *Urban Studies, 60*(16), pp.3167~3186.

Cha, J. & Park, C.(2019). A Trend on Smart Village and Implementation of Smart Village Platform. *International Journal of Advanced Smart Convergence, 8*(2), pp.177~183.

Fernandez-Carames, T. M. & Fraga-Lamas, P.(2021). Adoption of artificial intelligence in smart cities: A comprehensive review. *IEEE Access, 9*, pp.31387~31428.

Gil-Garcia, J. R. et al.(2020). Smart cities and smart governance models for future cities. *Government Information Quarterly, 37*(4), 101509.

Haltofova, B.(2018). Using crowdsourcing to support civic engagement in strategic urban development planning: A case study of Ostrava, Czech Republic. *Journal of Competitiveness, 10*(1), pp.85~103.

Herdiana, D.(2023). Smart villages rural development and community vulnerability in Indonesia: A bibliometric analysis. *Cogent Social Sciences.*

Kahne, J. et al.(2016). Redesigning civic education for the digital age: Participatory politics and the pursuit of democratic engagement. *Theory & Research in Social Education, 44*(1), pp.1~35.

Moretti, L. T. et al.(2022). *The 9Rs framework: A worksheet for establishing the business case for data collaboration and re-using data in the public interest.* Open Data Policy Lab.

Okubo, H. et al.(2022). Smart communities in Japan: Requirements and simulation for determining index values. *Journal of Urban Management, 11*, pp.500~518.

Pesch, U. et al.(2019). Local sustainability initiatives: Innovation and civic engagement in societal experiments. *European Planning Studies, 27*(2), pp.300~317.

Pozoukidou, G. & Angelidou, M.(2022). Urban Planning in the 15-Minute City: Revisited under Sustainable and Smart City Developments until 2030. *Smart Cities, 5*(4), pp.1356~1375.

Sieber, R. et al.(2024). What is civic participation in artificial intelligence? *EPB: Urban Analytics and City Science, 0*(0), pp.1~19.

Sun, Y. et al.(2014). Accelerating the Change to Smart Societies: A Strategic Knowledge-Based Framework. *Frontiers in Energy Research.*

Teixeira, J. F. et al.(2024). Classifying 15-minute Cities: A review of worldwide practices. *Transportation Research Part A: Policy and Practice, 189*, 104234.

Terrell, G.(2024). *AI-Powered Urban Planning: Analyzing*

Development Impacts and Pandemic Recovery Trends in Downtown Madison with Placer.ai. University of Wisconsin-Madison.

Wiles, J. L. et al.(2012). The meaning of "aging in place" to older people. *The Gerontologist, 52*(3), pp.357~366.

Ylipulli, J. & Luusua, A.(2019). Without Libraries What Have We? Public Libraries as Nodes for Technological Empowerment in the Era of Smart Cities, AI and Big Data. In *Proceedings of the 9th International Conference on Communities and Technologies*(pp.1~10).

Zavratnik, V. et al.(2020). Sustainable and community-centred development of smart cities and villages. *Sustainability, 12*, 3961.

05
AI와 주민 자치

주민 자치는 AI를 통해 더욱더 효율적이고 참여적인 구조로 진화할 수 있다. 본 장에서는 주민 자치회 운영의 디지털화, 주민 참여형 정책 결정, 지역 행정 시스템의 자동화 등을 중심으로, AI가 가져올 주민 자치 혁신을 실증 사례와 함께 분석한다.

AI와 아이돌?

AI와 주민 자치 개념 변화

주민 자치(local self-governance)는 특정 지역 사회의 주민들이 지역 문제를 스스로 해결하고, 주체적으로 참여하며, 공동체적 의사 결정을 통해 자율적으로 운영하는 제도적 체계를 의미한다(Martynov, 2024). 전통적으로 주민 자치는 국가 권력과 구별되는 독립적이고 분권화된 권한을 기반으로 발전해 왔으며, 주민들의 집합적 의사 결정, 자율적 재정 운영, 그리고 지역 공동체의 자생적 발전을 핵심 가치로 삼아 왔다(Indira, 2011).

특히 19세기 자유 자치 이론(free arable land theory)은 지역 사회가 외부 권력의 간섭 없이 자율적으로 자원을 관리할 수 있어야 한다는 원칙을 강조했다(Martynov, 2024). 이는 주민 자치가 최소 행정 단위 분권화와 시민 역량 강화, 지역 공동체 결속력 증진을 목표로 해야 함을 시사한다. 그러나 시간이 흐르면서 중앙 정부의 통제 강화, 재정 자율성 약화, 행정 구조의 복잡화 등으로 인해 여러 지역에서 주민 자치의 실질적 독립성은 점차 약화하는 경향을 보였다(Kondratyeva & Fadeeva, 2021).

이러한 배경 속에서, 최근 AI 기술의 급속한 발전은 주민 자치의 개념과 실행 방식을 근본적으로 재구성할 수 있는 잠재력을 제공하고 있다. AI는 공공 서비스 제공,

정책 결정 지원, 주민 참여 플랫폼 운영 등 다양한 영역에서 활용되며, 주민 자치의 '효율성'과 '참여성'을 동시에 증진할 가능성을 열고 있다(Sieber et al., 2024). 기술은 주민 자치의 민주적 가치를 확장하는 도구로서 재구성되고 있다.

예를 들어, 디지털 플랫폼을 통한 주민 투표(e-voting) 시스템이나 온라인 공론장 운영은 기존 대면 회의의 한계를 보완하며, 시간과 공간의 제약을 넘어 보다 포괄적이고 신속한 주민 의사 수렴을 가능하게 한다(Puron-Cid et al., 2020). 특히 코로나19 팬데믹 이후 비대면 참여가 활성화되면서, AI 기반 주민 자치는 현실적이고 지속 가능한 정책 대안으로 더욱 주목받고 있다.

AI 기술의 도입은 주민 자치의 운영 원리와 구조에 다음과 같은 변화를 초래하고 있다. 첫째, 주민 참여 방식의 다변화다. AI 기반 플랫폼은 다양한 사회 경제적 배경을 가진 주민들이 시간과 장소의 제약 없이 지역 문제 논의에 참여할 수 있도록 지원하며(Rezvorovych et al., 2023), 기존 참여 모델의 한계를 극복하는 기반을 제공한다. 특히 사회적 약자와 소수자 집단의 참여 기회를 확대함으로써 주민 자치의 포용성과 대표성을 강화할 수 있다.

둘째, 의사 결정 과정의 데이터 기반 강화다. 과거에는 주민 총회나 설문 조사 등 정성적 방식에 의존했던 정책 수립이, 이제는 대규모 데이터 분석, 예측 모델링, 시뮬레이션을 통해 보다 정밀하고 과학적인 의사 결정으로 전환되고 있다(Indira, 2011). 이는 정책의 신뢰성과 대응력을 높이는 데 기여할 수 있다.

셋째, 행정 효율성과 투명성 증진이다. 자동화한 민원 처리 시스템, 정책 추천 알고리즘, 데이터 기반 감사 체계 등은 행정 서비스의 신속성, 정확성, 투명성을 대폭 향상하며, 공공 부문의 책임성과 부패 방지에도 중요한 역할을 한다(Martynov, 2024). AI는 주민 자치 행정의 신뢰 기반을 강화하는 중요한 수단이 되고 있다.

넷째, 주민 역량 강화와 사회적 포용성 증진이다. AI 리터러시(AI Literacy) 교육과 맞춤형 참여 플랫폼 구축은 디지털 격차를 해소하고, 다양한 사회 집단이 평등하게 참여할 수 있는 기반을 마련한다(Sieber et al., 2024). 주민 스스로가 기술 활용 주체가 될 수 있도록 지원하는 것은 민주주의 심화의 핵심 조건이다.

AI는 주민 자치의 미래를 변화시키는 강력한 촉매제이자 잠재적 도전 과제를 동시에 내포하고 있다. 기술적 혁신은 주민의 권리 강화, 지역 공동체의 자율성 증진,

민주주의 심화라는 목표 아래 전략적으로 활용되어야 한다. AI를 통한 주민 자치는 인간 중심적 가치, 지역 맥락 존중, 지속 가능한 공동체 발전이라는 원칙에 따라 신중하고 포용적으로 추진해야 하며, 궁극적으로 기술이 공동체의 회복력과 지속 가능성을 강화하는 데 기여해야 한다.

AI 기반 주민 자치회 운영 모델과 실천

현대 사회에서 주민 자치회는 지역 사회 구성원들이 스스로 지역 문제를 해결하고 공동체를 발전시키는 핵심 주체로 재조명되고 있다(Martynov, 2024). AI의 도입은 주민 자치회의 운영 방식과 기능을 혁신해, 보다 효율적이고 포용적인 운영 체계를 가능하게 하고 있다.

전통적으로 주민 총회, 정기 회의, 분과 회의, 임원 회의 등을 통한 정성적 의견 수렴에 의존했던 방식에서, 이제는 지역 데이터 수집 및 AI 분석을 통해 보다 객관적이고 정밀한 정책 수립이 가능해졌다(Rezvorovych et al., 2023). AI는 대규모 주민 설문, 민원 기록, 지역 경제 및 환경 데이터를 실시간으로 분석해, 정책 우선순위 설정과 문제 해결 방안을 도출하는 데 활용된다.

AI 기반 디지털 플랫폼은 챗봇 상담, 모바일 투표, 추천형 공론장과 같은 기능을 통해 주민이 시공간의 제약 없이 공공 의사 결정에 참여할 수 있도록 문을 연다(Puron-Cid et al., 2020). 그러나 플랫폼이 만들어 놓은 참여 통로가 실제로 활용되려면 주민들이 AI의 작동 원리와 한계를 이해하고 데이터 해석에 능동적으로 개입할 수 있어야 한다. 따라서 디지털 소외 계층을 위한 AI 리터러시 교육은 선택이 아니라 필수이며, 이를 통해 주민들은 플랫폼 안에서 제안 · 토론 · 의사 결정의 주체로 자리매김할 수 있다(Sieber et al., 2024).

플랫폼 기술은 동시에 기존의 중앙 집중적 주민 자치 패턴을 분산형 거버넌스로 전환하는 촉매제가 된다. 동(洞) 단위와 같은 소규모 커뮤니티가 자체 데이터를 수집 · 분석 · 공유하면서도, AI 기반 모니터링 시스템을 통해 서로를 점검 · 보완하는 체계를 갖출 수 있기 때문이다(Andersson et al., 2020). 이 과정에서 시민 데이터 주권(citizen data sovereignty)이 핵심 원칙으로 기능한다. 주민 스스로가 데이터의 생성과 활용, 삭제 전주기를 통제함으로써 개인 정보를 보호하고, 나아가 데이터 기반 의사 결정의 실질적 주권자로 자리한다(Moretti et al., 2022).

분산형 거버넌스와 데이터 주권의 가치는 구체적 사

례에서도 확인된다. 콜롬비아 농촌 지역에서는 외부 행정 구조에 의존하지 않고 자체 AI 모니터링 · 의사 결정 체계를 구축해 자율성을 높여 가고 있으며, 이는 기술 도입이 곧 자율성 약화를 의미하지 않음을 보여 준다(Sankey, 2022). 반면 인도네시아의 전통 공동체는 자연과 조화되는 생활 방식을 유지한 채, 지역 맥락을 존중하는 방식으로 디지털 기술을 흡수해 왔다. 이 사례는 지속 가능성과 문화적 정체성이 기술 혁신과 양립 가능하다는 점을 시사한다(Wicaksono et al., 2022).

AI 플랫폼을 활용한 주민 참여 모델이 실질적 효과를 거두려면, AI 리터러시 강화, 분산형 거버넌스 구축, 시민 데이터 주권 확보가 맞물려야 한다. 이러한 통합적 접근은 지역 고유의 문화 · 사회적 맥락 안에서 자율성 · 책임성 · 포용성을 동시에 실현하는 인간과 공동체 중심의 가치와 지역 맥락 존중이란 원칙을 유지하는 스마트 공동체의 기반을 마련한다.

전자 민주주의와 주민 참여형 정책 결정

전자 민주주의(e-democracy)는 정보 통신 기술(ICT)을 활용해 시민의 정치적 참여를 활성화하고, 정책 결정 과정의 투명성과 책임성을 높이기 위한 제도적 혁신을 의미한다(Filgueiras, 2023). 이는 시민이 공공 정책 형성과 실행 전 과정에 적극적으로 참여할 수 있도록 하는 포괄적 참여 구조를 지향한다.

전자 민주주의의 발전은 정보 사회의 진전과 함께 가속화했다. 디지털 네트워크와 인터넷 기술의 확산은 물리적 제약을 넘어선 참여 기회를 창출했고, 결과적으로 민주적 거버넌스 모델의 재구성을 촉진했다(Boukharov et al., 2023). 특히 팬데믹 이후 비대면 사회가 일상화하면서, 전자 민주주의는 지방 자치와 주민 참여 확대를 위한 현실적 대안으로 주목받고 있다(Gerodimos, 2020). 이와 같은 변화는 지역 주민에게 '언제, 어디서든' 정책 과정에 목소리를 낼 수 있는 실질적 창구를 제공함으로써, 지방 정부가 더 신속하고 투명하게 공공 의제를 조정하도록 압력을 가하고 있다.

전자 민주주의는 주민 참여형 정책 결정을 강화하는 핵심 매개체로 작용하고 있다. 구체적으로, 온라인 플랫폼을 통한 정책 의견 수렴(e-consultation), 전자 주민 투표(e-voting), 디지털 공청회(e-hearing) 등이 대표적 사례로 부상하고 있다(Mihailescu, 2020). 이러한 디지털 플랫폼은 시간과 공간의 제약을 극복함으로써 다양한 사회 경제적 배경을 가진 주민들이 정책 과정에 쉽게 접근할 수 있도록 한다.

또한 AI 기반의 데이터 분석 기법은 전통적인 의견 수렴 방식이 갖는 정성적 한계를 보완하면서, 대규모 시민 데이터를 체계적으로 수집·분석하고 이를 정책 설계에 반영하는 정량적 접근을 가능하게 한다(Filgueiras, 2023). 이에 따라 정책 결정은 더욱 정교하고 민감한 대응 체계를 갖추게 되며, 결과적으로 행정의 민주성과 대응성을 동시에 제고하는 효과를 기대할 수 있다.

전자 주민 참여는 특히 지방 정부 수준에서 주민 자치회를 중심으로 실천 가능성이 높다. 주민 자치회는 지역사회 구성원과 직접 연결된 거버넌스 기구로서, 전자 민주주의 기술을 활용해 주민 총회, 분과 위원회, 설문 조사, 공론장 등을 디지털화함으로써 참여 폭과 깊이를 동시에 확장할 수 있다.

전자 민주주의를 통한 주민 참여형 정책 결정을 정착시키기 위해서는 참여형 플랫폼 구축이 필요하다. 모든 주민이 쉽게 접근할 수 있는 사용 친화적 온라인 플랫폼을 구축하고, 지속적인 업데이트와 사용자 지원 체계를 마련해야 한다(Gerodimos, 2020). 플랫폼은 특히 고령층이나 디지털 취약 계층의 이용 가능성을 보장하기 위한 설계 원칙을 반영해야 하며, 시각적 명료성과 기능의 직관성을 중심으로 구성되어야 한다.

또한 정책 초기 단계부터 주민 참여 보장이 이뤄져야 한다. 정책 구상부터 실행, 평가까지 전 과정에서 주민 참여를 제도화함으로써, 단순한 알림 수준을 넘어 실질적 의사 결정 참여를 실현해야 한다(Mihailescu, 2020). 나아가 정책 실행 이후에도 시민의 평가와 피드백이 반영될 수 있는 환류 체계의 마련이 필수적이다. 이를 통해 시민의 참여는 일회성이 아니라 지속적 상호 작용의 과정으로 자리 잡을 수 있다.

아울러, 전자 민주주의의 신뢰성과 정당성을 확보하기 위해서는 데이터 윤리와 투명성의 원칙을 철저히 준수해야 한다. 데이터 수집, 저장, 활용 과정에서 개인 정보 보호를 철저히 하고, 의사 결정 과정과 결과를 공개함으로써 시민 신뢰를 구축해야 한다. 이를 통해 AI 기반 여론 분석, 시민 참여 패턴 예측 등을 통해, 주민 요구를 보다 체계적으로 반영하는 정책 혁신을 추진해야 한다(Filgueiras, 2023). 이와 같은 전략적 조건들을 충족할 때, 전자 민주주의는 단순한 기술 혁신의 산물이 아니라, 실질적인 참여 민주주의의 확장 경로로 기능할 수 있으며, 지방 정부를 중심으로 한 주민 자치 실천과도 긴밀하게 연결될 수 있다.

AI 거버넌스 시대의 주민 자치 역량 강화

AI가 주민 자치 영역에서 참여, 의사 결정, 공공 서비스 운영 방식을 재구성하면서 주민 자치 역량 강화라는 새로운 과제가 부상하고 있다(Roski et al., 2021; Ohta et al., 2021). AI 기반 거버넌스는 기존 주민 자치의 한계를 보완하는 동시에, 새로운 기회와 위험을 함께 제기하고 있다. 한편으로, AI는 지역 데이터를 수집 · 분석해 정책 결정의 정밀성과 신속성을 높이고, 디지털 플랫폼을 통해 보다 광범위한 주민 참여를 촉진할 수 있다(Sieber et al., 2024).

예를 들어, 디지털 셀프 거버넌스(digital self-determination) 개념은 주민들이 데이터 주권을 가지면서 지역 문제에 능동적으로 대응할 수 있도록 지원한다(Verhulst, 2024). 이처럼 데이터의 소유와 활용 권한이 주민에게 분산되면, 행정 정보가 상향식으로 흐르면서 정책 수립의 투명성과 책임성이 강화되고, 지역 현장의 실제 요구가 신속하게 정책과 서비스 설계에 반영되는 선순환 구조가 마련된다. 그러나 AI가 가져오는 자동화, 알고리즘 불투명성, 데이터 편향성 문제는 주민 자치의 공정성과 민주성을 약화할 위험성도 내포하고 있다(Roski et al., 2021). 따라서 AI 시대의 주민 자치는 기술 수용뿐만 아니라 신뢰, 책임성, 투명성을 강화하는 방향으로 재구성해야 한다.

AI의 도입은 주민 자치회 운영의 형식뿐 아니라, 그 본질적 역량의 구성 방식에도 근본적인 재편을 요구하고 있다. 특히 AI 기반 시스템이 의사 결정 과정에 점점 더 깊이 개입함에 따라, 주민 자치의 참여자들은 사용자나 수혜자의 입장에서 기술 설계와 활용의 주체로 재정의해야 할 필요성이 커지고 있다. 이를 위해서는 무엇보다도 데이터 리터러시와 AI에 대한 이해 증진이 필요하다. 주민 자치회 구성원들이 인공지능의 작동 원리, 알고리즘의 의사 결정 메커니즘, 데이터 편향의 문제를 이해하고 감시할 수 있는 역량을 갖추는 것은 데이터 민주주의의 실질적 구현을 위한 조건이다(Verhulst, 2024; Ohta et al., 2021).

이러한 맥락에서 AI 시스템은 전문가 중심의 폐쇄적 구조로 설계되어서는 안 되며, 주민 참여가 전제된 공동 설계(co-design) 과정이 필수적이다. 지역 사회 문제에 대한 정의부터 알고리즘의 초기 설계, 그리고 실증적 검증에 이르기까지 주민들이 주체적으로 관여할 수 있는 체계는, 기술에 대한 일방적 수용이 아닌 공동체 차원의 기술 주권을 정립하는 데 기여한다(Sieber et al., 2024).

AI가 주민 자치 영역에서 지속적이고 정당하게 작동하기 위해서는, 투명성과 신뢰의 기반을 제도적으로 구축해야 한다. 이는 주민들이 의사 결정 과정 전반을 검토하고 이의를 제기할 수 있는 참여적 감시 메커니즘의 존재를 의미한다. 자율 규제와 국가 또는 지방 정부의 공공 규제가 균형을 이루는 가운데, 기술에 대한 공공 신뢰를 유지하는 것이 핵심이다(Roski et al., 2021). 무엇보다도 이러한 상향식 설계가 지속성을 갖추려면, 알고리즘 성능과 사회적 영향을 주기적으로 공개 평가하고 주민 피드백을 반영해 모델을 반복적으로 개정하는 순환적 거버넌스 메커니즘을 함께 구축해야 한다.

AI의 활용은 주민 자치의 단기적 효율성만을 목적으로 해서는 안 되며, 공동체의 지속 가능성이라는 장기적 가치에 기초해야 한다. 인구 고령화, 지역 소멸, 생태 위기 등 지역 사회가 직면한 구조적 문제들을 해결하기 위한 방향에서 AI를 설계하고 운용해야 하며, 이는 기술이 인간 중심성과 공동체 지향성을 유지하기 위한 핵심 조건으로 작동한다(Ohta et al., 2021; Verhulst, 2024).

AI 시대의 주민 자치는 사람과 공동체의 가치를 지키고 확장하는 데에 기술을 봉사시키는 새로운 패러다임이어야 한다. 이를 위해서는 AI 기술 이해 증진, 참여적 설계, 신뢰 구축, 지속 가능성 지향이라는 네 가지 축을 중심으로 주민 자치 역량을 체계적으로 강화해야 한다. AI 기반 주민 자치는 인간 존엄성과 지역 공동체 가치를 보호하고, 디지털 민주주의를 심화하는 중요한 토대가 될 것이다.

참고문헌

Andersson, K. P. et al.(2020). Voluntary leadership and the emergence of institutions for self-governance. *World Development, 125*, 104684.

Boukharov, A. et al.(2023). E-democracy in the context of the information society: Prospects, challenges and opportunities. *IOP Conference Series: Materials Science and Engineering, 1409*(1), 012024.

Filgueiras, F.(2023). E-democracy, artificial intelligence, politics and state modernization. *Revista de Administracao Publica, 57*(1), pp.73~95.

Gerodimos, R.(2020). Political Communication in Postmodern Democracy: Voting is easy, just press the red button. In Voltmer, K. & Brants, B. (Eds.), *Political Communication in Postmodern Democracy*(pp.231~247). Palgrave Macmillan.

Indira, A.(2011). Understanding local self governance: An applied research perspective. *International NGO Journal, 6*(1), pp.10~13.

Kondratyeva, M. V. & Fadeeva, O. P.(2021). Practices of public participation in local self-governance: Case studies of

Siberian villages. *Regional Research of Russia, 11*(4), pp.605~612.

Martynov, M. Y.(2024). Local self-governance and state power in the Russian Federation: In the search for a way out of the institutional trap. *Frontiers in Law, 3*, pp.9~14.

Mihailescu, A.(2020). E-democracy: The fruit of e-government. *Postmodern Openings, 11*(1Sup1), pp.128~140.

Moretti, L. T. et al.(2022). *The 9Rs framework: A worksheet for establishing the business case for data collaboration and re-using data in the public interest.* Open Data Policy Lab.

Ohta, R. et al.(2021). Effectiveness and challenges in local self-governance: Multifunctional autonomy in Japan. *International Journal of Environmental Research and Public Health, 18*(2), 574.

Puron-Cid, G. et al.(2020). Civic engagement in the datafied society. *Government Information Quarterly, 37*(4), 101478.

Rezvorovych, K. et al.(2023). Self-governance structures in EU Nations: Drawing lessons for Ukraine's bar systems. *Amazonia Investiga, 12*(70), pp.210~219.

Roski, J. et al.(2021). Enhancing trust in AI through industry self-governance. *Journal of the American Medical Informatics Association, 28*(7), pp.1582~1590.

Sankey, K.(2022). From survival to self-governance: A comparison of two peasant autonomy struggles in Colombia's coffee and frontier regions. *Journal of Agrarian Change, 22*(3), pp.506~528.

Sieber, R. et al.(2024). What is civic participation in artificial intelligence? *EPB: Urban Analytics and City Science, 0*(0), pp.1~19.

Verhulst, S.(2024). Situating Digital Self-Determination (DSD): A comparison with existing and emerging digital and data governance approaches. *Data & Policy, 6*, E20.

Wicaksono, A. et al.(2022). Living side by side with nature: Evidence of self-governance in three local communities in Indonesia. *Heliyon, 8*(12), e12248.

06
AI와 지역 거버넌스

AI 시대의 지역 거버넌스는 데이터 기반 정책 결정과 기술 민주주의를 요구한다. 이 장은 AI를 활용한 정책 기획과 실행, 공공 데이터의 관리와 보안, 투명성과 책임성 확보를 중심으로 다룬다. 특히 지역 단위에서 신뢰할 수 있는 AI 시스템 운영을 위한 제도적 조건과 방향을 제시한다.

AI와 야구?

AI 거버넌스 개념과 필요성

거버넌스(governance)는 특정 집단이나 조직이 공적 문제를 해결하고 공동 목표를 달성하기 위해 규범, 규칙, 정책, 제도를 통해 권력을 행사하고 조정하는 과정을 의미한다(Rajagopal et al., 2023). 이는 다양한 행위자들 간의 상호 작용과 협력을 포함하는 포괄적 개념이다. 특히 기술 발전이 가속화한 현대 사회에서는 기술의 설계·운용·규제에 대한 새로운 형태의 거버넌스가 요구되고 있다.

이러한 맥락에서 등장한 'AI 거버넌스'는 고도화된 AI 시스템의 개발, 배포, 사용이 인류 전체에 이익이 되도록 관리하고 방향을 설정하는 것을 목표로 하는 연구 및 실천 분야를 의미한다(Dafoe, 2018; Allen et al., 2024). AI 거버넌스는 AI의 기술적 안전성(AI Safety) 문제와 구별되며, AI 개발자와 사용자들이 적절한 목표, 인센티브, 가치 체계를 갖추고, 그 기반 위에서 책임감 있게 행동하도록 지원하는 제도와 환경을 포괄한다.

AI 거버넌스의 필요성은 크게 두 가지 방향에서 설명할 수 있다. AI는 교육, 의료, 교통, 에너지 등 다양한 분야에서 혁신적 기회를 제공하며, 인류 번영을 촉진할 잠재력을 지닌다(Dafoe, 2018; Bosco et al., 2024). 동시에 노동 대체, 경제 불평등 심화, 정치적 전체주의 강화, 글로벌 권력 재편과 같은 심각한 위험도 수반한다(Allen et al., 2024; Kuziemski & Misuraca, 2020). 특히 초지능(AI superintelligence) 출현 가능성과 그로 인한 통제 실패는 재앙적 결과를 초래할 수 있다는 점에서 심각한 대응이 요구된다(Bostrom, 2014).

이러한 위험은 단일 국가나 현재 세대에 한정되지 않고 초국경적이며 미래 세대에까지 영향을 미친다. 따라서 AI 거버넌스는 국내 정책 수준을 넘어, 글로벌 차원의 제도 설계와 협력 구조 구축이 필수적이다(Eglash et al., 2024). 글로벌 규범을 실효성 있게 설계하려면, AI의 기술 · 사회 · 윤리적 함의를 다층적으로 분석해 정책에 반영할 수 있는 학제적 연구 체계가 선행되어야 한다.

AI 거버넌스 연구는 고도화한 AI 기술이 초래할 기회와 위험을 체계적으로 조율하기 위한 분석 체계로, 크게 세 가지 주요 클러스터로 구분된다. 이들 클러스터는 각각 독립적인 기능을 수행하면서도 상호 긴밀하게 연결되어 있으며, AI 시대에 효과적인 거버넌스를 실현하려면 이러한 클러스터 간 연계를 고려한 통합적 접근이 필수적이다.

우선, 기술적 환경(Technical Landscape) 연구다. 기

술적 환경 연구는 AI 기술의 발전 경로와 그 한계를 체계적으로 분석하는 데 중점을 둔다(Dafoe, 2018). AI가 어떤 기술적 경로를 통해 진화할 수 있으며, 그 과정에서 어떤 위험 요인이 등장할 수 있는지를 지도화(mapping)하는 작업이 핵심이다. 이러한 분석은 AI 안전성 문제와 직결되며, 안전하고 통제 가능한 AI 시스템 개발을 위한 기술적 기반을 제공한다(Amodei et al., 2016). 즉, 기술적 환경 연구는 AI 거버넌스 논의의 출발점으로서, 현실 가능한 시나리오와 위험에 대한 명확한 이해를 바탕으로 정책 설계의 기초를 마련하는 역할을 한다.

둘째는 AI 정치(AI Politics) 연구다. AI 정치 연구는 기업, 정부, 연구 기관, 시민 사회 등 다양한 행위자들 간의 정치적 역학과 권력관계를 분석한다(Goldsmith & Yang, 2024). AI는 사회 권력 구조와 국제 정치 경제 질서에 심대한 변화를 초래할 수 있으며, 이에 따라 국가 간, 기업 간, 사회 집단 간 협력과 갈등 구도가 재편될 가능성이 있다. 특히 공공 부문에서 AI 기술을 사용할 때 민주주의 원칙 준수, 공공 책임성 강화, 시민 참여 확대를 핵심적으로 고려해야 한다(Kuziemski & Misuraca, 2020). AI 정치 연구는 기술적 가능성만을 고려하는 접근의 한계를 넘어, 현실 세계의 권력관계와 이해관계를 반영한 실질적인 거버넌스 전략을 설계하는 데 기여한다.

셋째는 이상적 거버넌스(AI Ideal Governance) 연구다. 이 연구는 장기적이고 글로벌 차원에서 인류 전체의 이익을 극대화하는 규범과 제도를 설계하는 것을 목표로 한다(Eglash et al., 2024). 특히 보스트롬(Bostrom, 2014)은 초지능(superintelligence) 출현 가능성을 고려할 때, 초기 단계부터 글로벌 협력에 기반한 거버넌스 체계를 구축해야 함을 강조했다. 이는 개별 국가나 기업 중심의 경쟁 논리 차원이 아니라 인류 공동체 전체의 생존과 번영을 위한 포괄적 접근이 필요하다. 최근에는 권력 공유 자유주의(Power-Sharing Liberalism)와 같은 새로운 이론적 틀을 통해 권력 집중 방지, 다양성 존중, 인간 존엄성 보호를 목표로 하는 AI 거버넌스 모델이 제안되고 있다(Allen et al., 2024).

이 세 가지 클러스터는 서로 분리된 연구 영역이 아니라, 상호 긴밀히 연결된 통합적 체계를 이룬다. 기술적 환경 이해 없이는 AI 정치의 변화를 예측할 수 없고, 정치적 역학 분석 없이는 현실성 있는 이상적 거버넌스 모델을 설계할 수 없다. 따라서 고도화한 AI 시대를 안전하고 공정하게 맞이하기 위해서는 기술적 가능성, 정치적 현실, 규범적 비전을 동시에 고려하는 통합적 AI 거버넌스 연구가 필수적이다.

AI 로컬리즘 캔버스

도시의 급속한 성장과 데이터 기술의 발전은 전 세계적으로 AI 자동화 시스템의 채택을 가속화하고 있다. 그러나 지방 정부가 AI를 확장해 사용하는 것은 기술의 적절하고 윤리적인 사용과 새로운 형태의 지역 거버넌스 모델에 대한 근본적인 질문을 제기한다(Verhulst, 2021). 이러한 문제의식 속에서 뉴욕대학교의 The GovLab는 2020년에 AI 로컬리즘 캔버스(AI Localism Canvas)를 개발해, 지역 단위에서 AI 거버넌스를 분석하고 설계하는 틀을 제시했다(Marcucci et al., 2022; Verhulst, 2021).

AI 로컬리즘은 AI 기술을 중앙 집중적 통제가 아닌 지역 차원에서 더 적절하고 윤리적으로 관리하는 방식을 의미한다. 이는 지역 사회가 AI 기술 도입과 운용에 있어 자체의 필요와 가치에 기반해 결정할 수 있도록 하는 '디지털 자기 결정권(Digital Self-Determination, DSD)'과도 밀접히 연결된다(Marcucci & Verhulst, 2024).

AI 로컬리즘은 지방 분권적 행정 모델로서, AI의 설계 · 조달 · 운용 · 규제 전 과정을 지역 사회가 주도하도록 재구성하려는 접근이다(Verhulst & Sloane, 2020). 이를 구체적으로 진단 · 평가하기 위해 제시된 'AI 로컬리즘 캔버스'는 원칙과 권리, 공공 조달, 공공 참여, 법 · 정책, 책임성과 감독, 투명성, AI 리터러시 등의 7개 영역으로 구성된다(Verhulst, 2021). 이 캔버스는 상호 의존적인 거버넌스 생태계를 시각화해 도시 · 지역이 놓친 부분과 시너지를 동시에 파악하도록 설계된 도구다.

우선해서, 원칙과 권리(Principles and Rights)는 AI가 인간의 존엄과 자율성, 권리를 침해하지 않도록 설계되고 적용되어야 함을 강조한다. 몬트리올 선언(Montreal Declaration, 2016)은 인간 중심 AI 원칙을 위한 10가지 핵심 원칙을 제안하며, 다수의 도시에서 이를 지역 전략의 윤리 프레임으로 채택하고 있다. 공공 조달(Procurement)은 지방 정부가 AI 시스템을 구매할 때 윤리적 기준과 투명성, 공급자의 책임성을 평가 기준에 포함하는 방식이다.

공공 참여(Engagement)는 시민, 시민 사회단체, 전문가가 공동 워크숍과 알고리즘 공개 토론을 통해 AI 정책 수립 및 평가 과정에 적극적으로 참여하는 것을 의미한다(Sloane, 2024). 법과 정책(Laws and Policies)은 지역 차원에서 AI의 사용을 규제하고 관리하기 위한 법적, 제도적 기반 마련을 목표로 한다. 바르셀로나의 사례처럼, 참여 과정을 통해 데이터 주권과 투명성 강화를 위해 지역 AI 전략을 수립해 지방 정부뿐만 아니라 플랫폼 기업에도 동일하게 적용된다(Barcelona AI Strategy, 2021).

책임성과 감독(Accountability and Oversight)은 AI 시스템이 공공 부문에 미치는 영향을 감시하고, 오류 및 남용을 예방하며, 피해 발생 시 구제 방안을 마련하는 메커니즘을 구축한다. 투명성(Transparency)은 데이터 사용, 알고리즘 설계, 의사 결정 과정을 시민이 이해할 수 있도록 공개하는 것을 의미한다(Sloane & Wullhorst, 2024). AI 리터러시는 시민들이 AI 시스템의 기본 작동 원리와 사회적 영향을 이해할 수 있도록 교육하고 지원하는 활동을 포함한다. 세 영역은 시민 감사단, 정기 리터러시 워크숍이 서로 물려 돌아가면서, 모니터링과 공개, 시민 역량 강화의 순환 구조를 만든다. 이 구조 덕분에 오류 탐지와 정책 수정을 주민이 주도적으로 이끌 수 있으며, 기술 불신을 최소화하는 민주적 신뢰 메커니즘이 지속적으로 재생산된다.

AI 로컬리즘은 지역 사회가 AI 기술의 영향을 스스로 통제하고, 지역적 맥락에 맞는 윤리적 기준을 설정하며,

사회적 불평등과 기술 격차를 해소하는 데 기여할 수 있는 구조를 만드는 작업이다(Verhulst, 2023; Sloane, 2024). 특히 대규모 기술 기업이 글로벌 차원의 AI 인프라를 독점하는 상황에서, 로컬리즘은 시민 주권과 민주적 거버넌스를 강화하는 수단이 된다(Verhulst, 2023). 즉 지역 사회가 공동 설계자 · 감독자 · 공동 이익 수혜자로 전환되도록 하는 실질적 효과를 기대할 수 있다.

AI 로컬리즘은 디지털 전환에 맞추어 사회적 맥락에 부합하는 AI 설계 촉진, 디지털 불평등과 기술 격차 해소, 시민 권리 보호 및 지역 사회 주권 강화, 책임 있는 기술 사용과 신뢰 기반 구축 등의 중요한 핵심 과제가 되고 있다. 특히, AI 로컬리즘 캔버스는 지역 단위의 AI 거버넌스 설계를 체계화하고, 윤리적이고 포용적인 기술 도입을 촉진하는 실천적 도구다. 이를 위해서는 지방 정부, 시민, 기술자, 시민 사회가 함께 협력해 AI 로컬리즘의 원칙을 실천에 옮겨야 한다.

AI와 지역 공공 데이터 거버넌스

AI 기반 지역 사회 혁신과 공공 서비스 개선을 위해서는 데이터 거버넌스의 체계적 정립이 필수적이다. 특히 지역 수준에서는 데이터의 생성, 접근, 활용, 공유, 보존 등 데이터 생애 주기 전반에 대한 제도적 규범과 실천 메커니즘이 아직 충분히 마련되지 않은 경우가 많다(Moretti et al., 2022). 이는 AI의 공공적 활용 가능성을 제한할 뿐 아니라 주민, 공공 기관, 시민 단체, 기업 등 다양한 이해관계자들 간 신뢰 형성을 저해하는 요인이 된다.

지역 데이터 거버넌스는 기술적 관리 체계로 이해하기보다는 민주적 정당성, 정보 접근권, 사회적 책임, 개인 정보 보호, 투명성, 공정한 이익 분배 등을 통합적으로 고려하는 복합적 개념이다. 지방 정부나 공공 기관은 책임 있는 데이터 활용의 촉진자이자 규제자로서 이중적 역할을 수행해야 하며, 이는 조직 내부의 정책 논리만으로는 달성할 수 없다. 지역 사회 전체가 공감할 수 있는 데이터 활용의 공공적 사례 정립이 필수적이다.

이러한 배경에서 9Rs 프레임워크는 공공 및 민간 조직이 데이터를 어떻게, 왜 개방하고 협력적으로 활용해야 하는지에 대한 전략적 · 윤리적 정당성을 설명하는 분석 도구로 개발되었다(Moretti et al., 2022). The GovLab의 연구 팀은 데이터 협력의 효과성과 공공성을 명확히 진단할 수 있도록, 투자 수익 관점(ROI)을 기준으로 의사결정 체계를 제시했다.

9Rs 프레임워크는 데이터를 공유하고 재활용할 때 조

직이 기대할 수 있는 가치 창출 동기를 체계적으로 설명하는 분석 도구다. 이 프레임워크는 세 가지 주요 투자 수익 관점(ROI case)과, 그에 따른 아홉 가지 동기로 구성된다(Moretti et al., 2022). 이를 통해 조직은 데이터 협력과 재사용의 사회적, 경제적 정당성을 종합적으로 진단할 수 있다.

첫 번째 투자 수익 관점은 데이터 활용을 통해 조직과 지역 사회가 지식과 통찰을 증대하는 데 중점을 둔다. 동기로 호혜성(Reciprocity)은 데이터 공유를 통해 상호 이익을 창출하고, 지속 가능한 데이터 생태계를 조성한다. 오류 수정(Rectification)은 외부 검토를 통해 기존 데이터의 오류를 발견하고 품질을 향상한다. 연구와 통찰(Research & Insights)은 데이터 분석을 통해 새로운 문제를 발견하거나 기존 문제에 대한 해결책을 도출한다. 재현 가능성(Reproducibility)은 분석 결과의 신뢰성과 검증 가능성을 확보해 연구 및 정책 수립의 신뢰도를 높인다. 이 네 가지 요소는 특히 지역 데이터 협력 프로젝트와 연구 개발(R &D) 기획에서 핵심 기준으로 작용할 수 있다.

두 번째 투자 수익 관점은 데이터 개방을 통해 조직의 사회적 신뢰와 이미지를 강화하는 데 초점을 맞춘다. 동기로 명성(Reputation)은 데이터 개방과 투명성을 통해 조직의 신뢰성과 공공성을 제고한다. 사회적 책임(Responsibility & Philanthropy)은 공익적 데이터 활용을 통해 조직의 사회적 책임 이행을 강화한다. 인재 확보(Retention & Recruitment)는 데이터 친화적이고 가치 지향적인 조직 문화를 조성해 인재를 유치하고 유지한다. 이 관점은 특히 지방 정부나 공공 기관이 AI 도입 프로젝트 추진 시 사회적 신뢰를 구축하는 데 필수적인 기준이 된다.

세 번째 투자 수익 관점은 조직의 지속적인 활동과 운영의 정당성을 확보하는 데 기여한다. 규제 준수(Regulatory Compliance)는 데이터 활용 과정에서 법적·제도적 요구 사항을 충족함으로써 제도적 정당성을 강화한다. 수익 창출(Revenue Generation)은 데이터를 활용해 운영 효율성을 높이고, 새로운 비즈니스 모델이나 수익 창출 기회를 모색한다. 이 관점은 스마트 시티 프로젝트, 데이터 기반 공공 서비스 혁신, 공공-민간 데이터 파트너십 추진 등에서 핵심적 역할을 한다(Moretti et al., 2022).

9Rs 분석 체계는 지역 사회 맥락에서도 다양한 방식으로 적용할 수 있다. 스마트 행정이나 공공 서비스 디지털

화 추진 시 '규제 준수'와 '사회적 책임' 항목을 근거로 주민과 의회의 신뢰를 확보할 수 있다. 또한 대학, 시민 단체, 기업 간 데이터 공유 협약 체결 시 '호혜성'과 '연구와 통찰'을 기준으로 협력 목표와 기대 효과를 명확히 설정할 수 있다. 교통 데이터 활용 AI 프로젝트를 기획할 때 '재현 가능성', '오류 수정', '수익 창출'을 중심으로 다각적인 가치 평가를 수행함으로써 기획의 정교성을 높일 수 있다.

9Rs를 캔버스형 워크시트로 시각화해 주민 공청회, 시민 참여형 예산제 논의에 활용할 수 있으며, 시민들이 AI 도입 기대 효과와 우려 사항을 직접 평가 · 토론하는 기반을 마련할 수 있다. 이러한 활용은 데이터 기반 AI 도입의 사회적 타당성과 투명성을 강화하는 동시에, 지역 공동체 차원의 시민 데이터 윤리 구현을 촉진하는 데 기여한다(Verhulst, 2021).

AI 기반 지역 거버넌스는 책임 있는 데이터 활용 체계 위에 구축해야 한다. 9Rs 분석 체계는 데이터 협력의 사회적 정당성, 경제적 효율성, 윤리적 책임성을 구조화해 제시함으로써, 지역 공공 데이터 거버넌스를 설계하고 평가하는 데 강력한 도구가 된다. 특히 AI 활용을 지역 공동체의 삶을 개선하는 방향으로 이끌기 위해서는, 기술 자체보다 데이터 거버넌스 체계의 민주성과 투명성 확보를 우선해야 한다.

AI 공공 시스템의 투명성과 형평성, 책임성

AI 발전은 공공 부문에도 깊숙이 스며들며, 행정 효율성과 정책 혁신에 기여하고 있다. 그러나 동시에, 공공 영역에서의 AI 활용은 민주주의, 인권, 사회적 신뢰성 측면에서 새로운 윤리적·정치적 문제를 제기하고 있다. 최근 연구들은 공공 부문에서 AI를 활용하는 방식을 분석하면서 투명성, 형평성, 책임성이라는 핵심 가치의 제도적 내재화 필요성을 강조하고 있다(Rajagopal et al., 2023; Goldsmith & Yang, 2024).

스마트 시티 맥락에서는 AI 기반 시스템의 윤리적 검증 체계 마련, 인간 중심 설계, 지속 가능성 확보가 필수 과제로 부상하고 있다(Bosco et al., 2024). 아울러 AI 거버넌스는 데이터 거버넌스, 개인 정보 보호, 알고리즘 투명성, 공공 참여 강화 등을 포괄하는 다층적 접근이 요구된다는 인식이 확산하고 있다(Folorunso et al., 2024). 국제적으로도 이러한 문제 인식을 공유하며 제도 정비가 속도를 내고 있다.

2024년 3월 유럽연합(European Commission)은 세계

최초의 포괄적 AI 법률인 EU AI Act를 채택해 위험 기반 분류, 투명성 의무, 공공 기관용 고위험 시스템 등록제 등을 명문화하며 글로벌 규제의 기준점을 제시했다. OECD 역시 2019년 '신뢰할 수 있는 AI 원칙'을 채택한 데 이어, 2023년 〈Advancing Accountability in AI〉 보고서를 통해 위험 관리 · 감사 · 책임 추적성 프레임워크를 구체화해 회원국 정책 설계에 적용하도록 권고하고 있다. 이처럼 국제 규범, 법적 규제, 감사 · 표준이 단계적으로 축적되는 흐름은, 각 도시가 데이터 거버넌스 · 알고리즘 투명성 · 시민 참여를 포괄하는 다층적 AI 거버넌스를 설계할 때 현실적 기준과 지침을 제공한다.

AI 거버넌스는 기술 관리 이상의 과제다. 이는 인류 전체의 번영, 안전, 자유를 지키기 위한 전 지구적 협력 프로젝트이며, 기술적 환경에 대한 이해, 정치적 역학 분석, 글로벌 규범 및 제도 설계를 통합적으로 추진할 때만 고도화한 AI 시대를 안전하고 공정하게 맞이할 수 있다(Eglash et al., 2024; Allen et al., 2024). AI는 인류에게 혁신적 기회를 제공하지만, 동시에 커다란 책임을 요구한다. 올바른 거버넌스는 이 기회를 실현하고, 위험을 최소화하는 열쇠가 될 것이다. 이에 따라 공공 AI 시스템에는 민간 영역보다 훨씬 높은 수준의 설명 책임, 공정성, 구제 가능성이 요구된다. 이는 민주주의 원칙과 행정 신뢰성 유지를 위한 규범적 필수 조건으로 기능한다.

투명성은 의사 결정의 '검증 가능성'과 밀접하게 연관된다. 공공 시스템에서 투명성 확보는 시민이 행정 작동의 공정성과 예측 가능성을 신뢰할 수 있도록 하는 핵심 기반이다(Rajagopal et al., 2023). 그러나 AI 시스템은 종종 '블랙박스'로 비유되며, 그 판단 근거가 불명확한 경우가 많다. 예컨대, 복지 대상자 선정에서 빠진 이유가 해당 시민과 담당자 모두에게 설명될 수 있어야 한다.

투명성은 세 가지 하위 요소로 구성되는데, 추적성(Traceability)은 알고리즘이 어떤 정보와 절차를 기반으로 결정을 내렸는지 기록하고, 사후 감사와 검토가 가능하게 하는 구조다. 설명 가능성(Explainability)은 비전문가인 시민도 이해할 수 있을 정도로 결과를 설명하는 능력이다. 커뮤니케이션(Communication)은 인간과 AI 시스템 간의 책임 경계를 명확히 구분하고, 특히 대화형 시스템(챗봇 등)에서 AI임을 분명히 인지시키는 조치다(Goldsmith & Yang, 2024).

형평성(Fairness)은 알고리즘의 '비차별성'과 '접근성'을 중심으로 정의된다. 이는 공공 AI 시스템이 사회적 소수자와 취약 계층에 의도하지 않은 차별적 영향을 미치지 않도록 보장하는 윤리적 안전망이다(Folorunso et al., 2024). 비차별성(Non-discrimination)은 알고리즘 설계 및 학습 데이터에서 사회적 편견이 기계적으로 재현되지 않도록 해야 한다. 접근성(Accessibility)은 장애인, 고령자, 언어 소수자 등도 공공 AI 서비스를 동등하게 이용할 수 있어야 하며, 디지털 행정 접근권 보장을 위한 설계가 필수적이다(Bosco et al., 2024). 디지털 행정이 가속화하는 가운데, 고령자나 디지털 약자의 소외 문제는 점점 심각해지고 있다. 따라서 형평성은 AI 시스템 설계 초기부터 고려해야 할 핵심 기준이다.

책임성(Accountability)은 피해 발생 시 구제 가능성을 보장하는 원칙을 의미한다. 공공 AI 시스템은 개인의 생계, 권리, 자유에 직결되는 의사 결정을 수행할 수 있으므로, 사후 구제뿐 아니라 사전 예방까지 포괄하는 체계적 접근이 필요하다(Eglash et al., 2024). 책임성은 크게 시스템 운영 주체가 오류나 피해에 대해 배상하고, 결정의 정당성을 입증할 책임을 지는 법적 책임성과 사전 위험 평가, 알고리즘 검토 제도, 외부 감사를 통해 문제 발생 가능성을 낮추는 메커니즘을 일컫는 예방적 책임성으로 구성된다. 특히 고위험 AI 시스템에 대해서는 강화된 책임 원칙을 적용해야 하며, 이는 피해자 부담을 줄이고, 시스템 운영자의 관리 · 감독 책임을 강화하는 방향으로 구현될 수 있다(Allen et al., 2024).

AI 공공 시스템의 신뢰성과 지속 가능성을 확보하기 위해서는 투명성, 형평성, 책임성이 정책과 제도 전반에 통합되어야 한다. 이러한 가치는 AI 기반 행정이 민주주의를 돕고, 시민을 위한 공공 자산으로 작동할 수 있도록 하는 근본 조건이다.

참고문헌

Ajuntament de Barcelona(2021). “Municipal algorithms and data strategy for an ethical promotion of artificial intelligence”. https://ajuntament.barcelona.cat/digital/en/technology-accessible-everyone/ethical-use-artificial/ethical-use-artificial-intelligence/municipal

Allen, D. et al.(2024). *A roadmap for governing AI: Technology governance and power sharing liberalism*(Occasional Papers Series). Ash Center for Democratic Governance and Innovation, Harvard University. https://ash.harvard.edu/wp-content/uploads/2024/01/340040_hks_ashgovroadmap_v2.pdf

Amodei, D. et al.(2016). Concrete problems in AI safety. *arXiv*, arXiv:1606.06565. https://arxiv.org/abs/1606.06565

Bosco, G. et al.(2024). AI-driven innovation in smart city governance: achieving human-centric and sustainable outcomes. *Transforming Government: People, Process and*

Policy, 18(3). https://doi.org/10.1108/TG-04-2024-0096
Bostrom, N.(2014). *Superintelligence: Paths, dangers, strategies.* Oxford University Press.
Dafoe, A.(2018). *AI governance: A research agenda*(v1.0). Future of Humanity Institute, University of Oxford. https://www.fhi.ox.ac.uk/govaiagenda
Eglash, R. et al.(2024). AI governance through fractal scaling: integrating universal human rights with emergent self-governance. *AI & Society.* https://doi.org/10.1007/s00146-024-02029-4
European Commission(2024). "AI Act: Shaping Europe's digital future". https://digital-strategy.ec.europa.eu/en/policies/regulatory-framework-ai
Folorunso, A. et al.(2024). Compliance and governance issues in cloud computing and AI: USA and Africa. *Global Journal of Engineering and Technology Advances, 21*(2), pp.127~138.
Goldsmith, S. & Yang, J.(2024). AI and the transformation of accountability and discretion in urban governance. *Urban Governance, 4*(2), pp.210~232.
Kuziemski, M. & Misuraca, G.(2020). AI governance in the public sector: Three tales from the frontiers of automated decision-making in democratic settings. *Telecommunications Policy, 44*(6), 101976.
Marcucci, S. & Verhulst, S.(2024). *Situating digital self-determination (DSD): A comparison with emerging digital governance approaches.* The GovLab. https://www.thegovlab.org/static/files/publications/digital-self-determination.pdf

Marcucci, S. et al.(2022). *AI localism in practice: Examining how cities govern AI.* The GovLab.

Montreal Declaration(2016). "Montreal Declaration for a Responsible Development of Artificial Intelligence". https://www.montrealdeclaration-responsibleai.com

Moretti, L. T. et al.(2022). *The 9Rs framework: A worksheet for establishing the business case for data collaboration and re-using data in the public interest.* Open Data Policy Lab.

Organisation for Economic Co-operation and Development (OECD)(2023). *Advancing accountability in AI.* OECD Publishing. https://www.oecd.org/content/dam/oecd/en/publications/reports/2023/02/advancing-accountability-in-ai_753bf8c8/2448f04b-en.pdf

Rajagopal, M. et al.(2023). A conceptual framework for AI governance in public administration: A smart governance perspective. *Proceedings of the I-SMAC 2023.* IEEE.

Sloane, M. & Wullhorst, E.(2024). A systematic review of regulatory strategies and transparency mandates in AI regulation in Europe, the United States, and Canada. *Data & Policy, 6*, e11.

Sloane, M.(2024). Controversies, contradiction, and "participation" in AI. *Big Data & Society, 11*(1), pp.1~5.

Verhulst, S. & Sloane, M.(2020). *AI localism: Situating digital self-determination.* The GovLab.

Verhulst, S.(2021). *The AI localism canvas: A framework to assess governance of AI within cities.* The GovLab.

Verhulst, S.(2023). *Steering responsible AI: A case for algorithmic pluralism.* The GovLab.

07
AI와 공동체 네트워크

지역 사회는 AI 기술을 기반으로 새로운 형태의 공동체 네트워크를 형성하고 있다. 이 장에서는 지역 사회 구성원 간의 연결성을 증진하는 의사결정 플랫폼, 자원봉사 및 사회 운동의 디지털 전환, 참여 중심 디지털 플랫폼, 연대 기반 네트워크 구조 등을 중심으로, AI가 시민 참여와 사회적 협력을 어떻게 매개하고 촉진하는지를 다룬다. AI는 지역 사회 내 집단 지성과 상호작용의 새로운 인프라로 기능할 수 있다.

AI와 윤동주?

AI를 활용한 지역 사회 의사 결정 프로세스

AI는 공공 행정, 정책 수립, 예산 배분 등 다양한 영역에서 의사 결정 프로세스를 혁신적으로 변화시키고 있다. 특히 지역 사회처럼 다양한 이해관계자가 상호 작용하는 맥락에서는 AI 도입이 데이터 기반의 투명하고 책임 있는 결정 구조를 가능하게 한다. AI는 더 빠르고, 더 정확하며, 더 예측 가능한 방식으로 정책을 설계하고 평가하는 도구로 주목받고 있다(Dziundziuk et al., 2024).

AI 기반 의사 결정은 다음의 세 가지 특징을 통해 지역 사회의 공공 거버넌스를 재구성한다. 첫째, 데이터 기반 접근법은 다양한 시민 의견을 정량적으로 분석해 다수의 상황을 반영한 정책 설계를 가능하게 한다(Shin, 2024). 이는 전통적인 엘리트 중심 혹은 관료적 결정 구조에서 벗어나, 근거에 기반한 정책 수립을 촉진한다.

둘째, AI는 대규모 데이터를 활용해 지역 주민들의 선호, 민원, 여론 등을 실시간으로 분석하고 이를 정책 수립에 반영함으로써, 보다 참여적이고 응답성 높은 정책 결정을 가능하게 한다(Valle-Cruz et al., 2022). 예를 들어, 공공 예산 배분에서 AI는 다양한 시나리오를 생성하고 경제성, 형평성, 사회적 영향도를 동시에 고려한 '스마트 예산(smart budgeting)'을 구현할 수 있다.

셋째, AI 도입은 공공 의사 결정 과정의 설명 가능성과 추적 가능성을 확보할 수 있다는 점에서, 공공 신뢰 제고와 책임성 확보에 기여한다(Araujo et al., 2018). 이는 특히 사회적 소수자나 취약 계층의 권리를 보호하고, 공정한 결과를 담보하기 위한 기반으로 작동한다.

이러한 흐름 속에서 주목할 만한 진전은 바로 알고리즘 기반 숙의형 민주주의(deliberative democracy)의 가능성이다. AI는 주민 의견 수집을 통해 다양한 의견을 구조화하고, 상충하는 가치 간의 균형점을 제시하며, 이를 통해 집단 지성 기반의 의사 결정을 실현하는 기술적 수단이 될 수 있다(Kuziemski & Misuraca, 2020). 특히 AI 알고리즘은 의견 간 유사성 분석, 쟁점 구조화, 우선순위 도출 등의 기능을 통해 주민 간 숙의를 보조할 수 있으며, 이는 전통적인 여론 조사 방식의 한계를 보완한다.

또한 지역 이슈 분석과 주민 우선순위 설정에도 AI는 중요한 역할을 수행할 수 있다. 예컨대, 지역 데이터를 분석해 교통, 환경, 교육, 주거 등의 분야에서 발생하는 이슈를 자동 분류하고, 주민 참여 플랫폼에서 제시된 의견을 분석해 어떤 과제가 지역 사회 내에서 가장 시급하거나 중요하게 인식되는지를 정량화할 수 있다(Kim & Kim, 2022). 이러한 방식은 기존에 제한된 참여 기반 결정 구조에서 벗어나, 지역 맞춤형 정책 설계를 위한 실질적 토대를 제공한다.

AI를 활용한 지역 사회 의사 결정 프로세스는 기술만이 아닌, '거버넌스'와 '참여', '공공성'의 재구성을 요구하는 복합적 과제다. 알고리즘은 인간 중심의 숙의 과정을 보완할 수 있는 강력한 수단이지만, 인간의 가치와 판단이 그 중심에 있어야 한다. 이러한 관점에서 지역 사회에서의 AI 활용은 숙의 민주주의의 새로운 도구가 될 수 있으며, 지역 문제를 해결하기 위한 집단 지성 기반의 의사 결정 구조를 가능하게 하는 디지털 민주주의의 새로운 실험장이라 할 수 있다.

AI 기반 공동체 네트워크와 디지털 플랫폼

오늘날 AI는 공동체 네트워크의 조직 방식, 정보 흐름의 구조, 그리고 주민 참여의 양식을 근본적으로 재정의하고 있다. 특히 디지털 플랫폼을 기반으로 한 통합 서비스는 주민 간의 상호 작용을 중심으로 한 참여형 네트워크로 진화하고 있으며, 이는 공동체 내 신뢰 형성과 사회적 자본의 재구성에 핵심적 역할을 한다(Yablonsky, 2020). 이러한 변화는 공동체 구성원 간의 소통 방식과 공동 의사 결정 구조의 혁신을 동반한다는 점에서 주목할 만하다.

디지털 커뮤니케이션 플랫폼은 주민들 간의 실시간 소통, 정보 공유, 협력적 문제 해결, 그리고 공동 의사 결정 과정을 지원하는 기술적 토대로 기능한다. 이는 사회적 유대감과 상호 신뢰를 구축하는 데 필수적인 인프라 구조로 작동하며, 공동체 정체성을 공고히 하는 데 기여한다(Lee et al., 2021).

이러한 디지털 플랫폼은 점차 고도화하고 있다. 과거 단순 게시판 형태의 웹사이트나 지역 포털에서 출발한 커뮤니티 기반 플랫폼은 이제 챗봇 기반 민원 처리 시스템, 맞춤형 알림 서비스, 모바일 기반 지역 행정 앱 등으로 발전하고 있다. 특히 AI 기반 스마트 마을 플랫폼은 지역 단위의 데이터를 실시간으로 수집 · 분석 · 시각화해 주민 삶의 질을 향상하고, 커뮤니티 운영의 효율성을 극대화하는 데 기여하고 있다(Park & Cha, 2019).

이러한 기술 매개체는 시민이 정책 결정 과정에 참여하고 영향력을 행사할 수 있도록 돕는 민주적 수단으로 기능한다. 예컨대, 모바일 앱을 통해 주민은 지역 현안을 실시간으로 제기할 수 있고, 공공 기관은 이를 토대로 민감한 지역 문제에 신속히 대응할 수 있다. 이러한 구조는 공공 행정과 시민 사회의 경계를 허물며, 공동체 중심의 거버넌스를 실현하는 기제가 된다(Singh et al., 2025).

플랫폼 기반 공동체 발전은 필연적으로 정보의 생산, 순환, 그리고 재구성을 수반한다. 이 과정에서 등장하는 개념이 바로 '디지털 코먼스(digital commons)'다. 디지털 코먼스는 시민 참여, 협력적 생산, 투명한 피드백이라는 핵심 원칙 위에서 공공성을 추구하는 정보 생태계를 의미한다. 이와 같은 플랫폼은 정보가 유통되고 소비되는 공간뿐만 아니라 공공의 가치를 공동 생산하는 협업의 장으로 기능한다(Rotta et al., 2019). 이러한 디지털 코먼스가 AI와 결합할 때, 공동체 네트워크는 더욱 정교하고 진화하는 시스템으로 확장될 수 있다.

이러한 코먼스 구조는 AI 기술과의 통합을 통해 더욱 고도화된다. AI는 이용자 데이터를 기반으로 지역별 서비스 수요를 예측하고, 선호도 기반의 맞춤형 서비스를 제안할 수 있다. 또한 AI 기반 분석은 커뮤니티의 피드백 데이터를 실시간으로 모니터링하고, 정책 설계 및 운영에 유의미한 정보를 제공함으로써 거버넌스 구조를 학습하고 진화시키는 역할을 수행한다(Yablonsky, 2020; Bibri et al., 2024). 이는 궁극적으로 AI 기반 디지털 플랫폼이 지역 사회의 지속 가능성과 복원력을 어떻게 높이는지를 보여 주는 실마리가 된다.

AI 기반의 디지털 플랫폼은 지역 사회 연결성 강화, 정보 순환, 주민 참여의 구조를 정교화함으로써 주민 간 신뢰 형성, 협력적 공공 서비스 제공, 지역 커뮤니티의 지속 가능성을 실현하는 사회적 기반으로 기능한다. 특히 디지털 커뮤니케이션 인프라와 기술 매개 플랫폼의 발전은 공동체를 더욱더 유기적이고 회복력 있는 구조로 전환되는 가능성을 열어 주며, 디지털 기술을 통해 지역민의 삶과 공동체의 미래를 재구성하는 근간이 된다.

AI를 활용한 디지털 사회 운동

2019년 홍콩에서 촉발된 Anti-ELAB 운동(Anti-Extradition Law Amendment Bill Movement)은 홍콩 정부가 추진한 '범죄인 인도 법안'에 반대하는 시민들의 대규모 저항에서 출발했다. 초기에는 특정 정책에 대한 반발로 시작되었지만, 점차 자치권, 민주주의, 경찰 폭력, 표현의 자유 등 다양한 정치적 의제를 포괄하는 광범위한 사회 운동으로 확산되었다(Lee et al., 2021).

이 운동은 전통적인 위계적 조직과는 다른, 탈중심화된 네트워크형 운동의 전형으로 발전했다. 즉, 지도자 부재, 상향식 자발적 참여, 디지털 플랫폼을 통한 의사 결정과 조율, 개인화된 참여와 연결적 행동, 급속한 기술 변화와 즉각적 응답성, 연대감과 급진화의 공존 등 디지털 시대 사회 운동의 핵심 특징들을 잘 보여 준다(Lee et al., 2021).

이러한 특성은 디지털 기술 기반의 새로운 저항 방식을 구성하며, 향후 다른 국가나 이슈에서도 반복될 수 있는 현대적 사회 운동의 모델로 주목받고 있다. 특히 Anti-ELAB 운동은 디지털 네트워크가 어떻게 정치적 동원과 행동의 방식을 구조적으로 변화시키는지를 보여 주는 대표적 사례로 평가된다.

이와 같은 디지털 기반 사회 운동의 부상은 새로운 기술 환경 속에서 사회 운동이 어떻게 형성되고 확산하는지를 재조명하게 한다. 예를 들어, '월가를 점령하라(Occupy Wall Street)' 운동은 동료 간 메시지 생산, 시위 참여자의 모집과 확산 과정에서 SNS의 조직적 역할이 주목받은 사례다. 이 운동을 분석한 베넷 등(Bennett et al., 2014)은 디지털 미디어를 탈중앙화한 네트워크 운동의 대체적 조직 수단으로 평가하며, 이후에도 다양한 사회 운동 맥락에서 디지털 미디어의 기능과 효과에 관한 연구가 지속적으로 이루어졌다(Caraway, 2016; Donovan, 2018; Tsatsou, 2018).

이러한 연구들은 공통으로 디지털 플랫폼이 운동의 조직, 조율, 정체성 형성에까지 실질적 영향을 미친다는 점에 주목한다. 특히 최근에는 디지털 플랫폼의 기술적 구조와 사용성이 참여자의 행동 방식과 집단적 역동성에 어떤 영향을 미치는지를 설명하는 이론으로서 플랫폼 어포던스(Platform affordances) 개념이 중요한 분석틀로 부상하고 있다.

어포던스(affordance)란 기술의 물리적 및 설계적 특성이 특정한 행동을 요청하거나, 요구하거나, 허용하거나, 장려하거나, 억제하거나 혹은 거부하는 방식인 행위 가능성을 의미한다(Davis & Chouinard, 2017). 흔히 플랫폼의 행위 가능성은 참여의 양상, 정보의 유통 구조, 커뮤니케이션의 상호성에 깊이 영향을 미친다. 이러한 플랫폼은 지역 사회 차원에서 기술의 실질적 적용이 어떻게 이뤄지고 있는지를 살펴보는 배경이 된다.

여러 학자는 소셜 미디어의 운동 참여 기능을 설명하기 위해 다양한 어포던스를 제시해 왔다. 카즈라에와 노박(Khazraee & Novak, 2018)은 소셜 미디어가 담론 형성과 퍼포먼스 수행을 위한 어포던스를 갖추고 있기 때문에 집단 정체성의 구축에 유용하다고 주장했다. 반면 피어스(Pearce, 2015)는 이러한 어포던스가 권위주의적 통제나 비판자 억압을 쉽게 할 수 있는 양면적 가능성 또한 내포하고 있다고 지적했다.

최근에는 디지털 사회 운동의 맥락에서 AI의 가능성과 위협성에 대한 논의가 본격화하고 있다. AI는 정보의 분류, 해석, 전파 방식 자체를 변화시키며, 참여자들의 행동과 인식에 실질적인 영향을 미치는 정치적 매개체로 기능한다. 특히 자연어 처리(NLP), 감성 분석, 추천 알고리즘 등은 사회 운동에서 여론을 분석하거나, 전술을 설계하고, 온라인 플랫폼 내에서 영향력 있는 메시지를 확산하는 데 활용되고 있다.

또한 AI를 통한 대규모 데이터 분석은 운동 참여자의 패턴을 파악하고, 특정 이슈에 대한 사회적 반응을 예측하는 데도 활용된다. 이는 운동 조직자들이 시위의 시기, 장소, 주제를 조정하는 데 데이터 기반 의사 결정 도구가 되며, 기존의 경험 중심보다 더 정교한 대응이 가능해진다. 동시에 이러한 AI 기술의 활용은 감시와 억압의 도구로 악용될 가능성도 내포한다. 예를 들어, 얼굴 인식 기반의 군중 감시 기술이나, AI 기반 '허위 정보 탐지 시스템'이 오히려 정치적 표현을 통제하는 메커니즘으로 작동할 위험이 존재한다. 따라서 향후 디지털 사회 운동 연구는 AI가 만들어 내는 사회적 함의와 권력 구조에 주목해야 하며, 사회 운동의 규범과 전략을 재편하는 '행위자'로서의 AI에 대한 비판적 고찰이 요구된다.

AI 기반 공동체 신뢰 구축과 사회적 연결망

디지털 전환의 가속화와 함께 AI는 공동체의 사회적 연결망과 신뢰 자본을 재구성하는 핵심 인프라로 주목받고 있다. 특히 사회적 고립, 연결의 단절, 사회 참여 저조 문제는 지역 사회 회복력의 핵심 과제로 떠오르고 있으며, 이에 대한 대응 수단으로 AI 기반 시스템의 가능성이 주목받는다(Kuziemski & Misuraca, 2020; Valle-Cruz et al., 2022).

사회적 고립(social isolation)은 개인의 건강과 공동체의 결속력에 부정적 영향을 미치며, 특히 고령층, 1인 가구, 디지털 소외 계층에서 심화하고 있다. 최근 여러 국가에서는 AI 기반의 예측 모델과 공공 서비스 통합 시스템을 통해 이러한 고립을 사전에 감지하고 개입하는 체계를 구축하고 있다. 예를 들어 핀란드의 오로라 AI(AuroraAI) 프로젝트는 시민 삶의 흐름과 행정 서비스를 연결해, 고립 가능성이 높은 시민을 선별하고 맞춤형 복지, 커뮤니티 프로그램과 연계하는 선제적 정책을 구현하고 있다(Kuziemski & Misuraca, 2020). AI는 기존의 관료적 복지 분배 시스템보다 더 빠르고 정밀하게 사회적 위험을 예측할 수 있으며, 특히 대화형 챗봇, 감정 분석 시스템 등을 통해 정서적 연결 기능까지 확장할 수 있다(Araujo et al., 2018).

약한 유대(weak tie)의 확장은 정보 흐름을 활성화하고 새로운 사회적 기회를 창출하는 역할을 한다. 디지털 사회에서 AI는 사회 연결망 분석 및 의미 네트워크 분석을 통해 지역 내 약한 유대 구조를 시각화하고, 커뮤니케이션의 불균형, 고립 노드, 정보 단절 지점을 정밀하게 탐지할 수 있다(Diakopoulos, 2015; Dziundziuk et al., 2024). 이러한 분석을 기반으로 정책 설계자는 단절된 주민 집단 간의 연결을 복원하고, 커뮤니티 내부의 결속력을 높일 수 있는 프로그램을 구성할 수 있다. 특히 AI 기반 플랫폼은 지역 주민들 간의 인식 차이, 우선순위 불일치 등을 실시간으로 파악하고, 약한 유대를 기반으로 한 신뢰 형성을 유도할 수 있는 '디지털 사회 연결 전략'의 실현을 가능하게 한다(Valle-Cruz et al., 2022).

공공 의사 결정에서 신뢰 기반 피드백 메커니즘은 투명성과 정당성을 높이는 핵심 요소다. AI는 자연어 처리(NLP)와 감성 분석 기술을 통해 주민 참여의 질, 감정, 신뢰 수준을 정량화할 수 있으며, 이를 바탕으로 참여 신뢰 지표를 구축할 수 있다(Araujo et al., 2018; Liu & Kim, 2018). 이러한 지표는 공공 서비스의 설계와 조정 과정에서 매우 유용하게 활용될 수 있다. 예컨대 AI는 다중 채널(민원, SNS, 커뮤니티 앱 등)에서 수집한 데이터를 종합해 특정 정책에 대한 시민의 수용 가능성, 제안의 정당성, 반응 추세 등을 예측함으로써, 정책의 적시성과 대응력을 향상한다(Shin, 2024; Matheus et al., 2020).

AI는 공동체 신뢰 형성 및 사회적 연결망 복원에 구조적이고 윤리적인 개입 주체로서 해야 할 역할을 수행할 수 있다. 사회적 고립 예방, 약한 유대의 복원, 참여 신뢰 지표의 정량화는 지역 공동체가 AI 기술을 통해 사회적 복원력을 회복할 수 있음을 보여 준다. 이를 위해서는 데이터 거버넌스와 윤리적 설계, 그리고 주민 참여 기반의 민주적 기술 운용 모델을 함께 병행해야 한다.

참고문헌

Araujo, T. et al.(2018). *Automated Decision-Making Fairness in an AI-driven World: Public Perceptions, Hopes and Concerns.* Digital Communication Methods Lab.

Bennett, W. L. et al.(2014). Organization in the crowd: Peer production in large-scale networked protests. *Information, Communication & Society, 17*(2), pp.232~260.

Bibri, S. E. et al.(2024). Artificial intelligence of things for synergizing smarter eco-city brain, metabolism, and platform: Pioneering data-driven environmental governance. *Sustainable Cities and Society, 108*, 105516.

Caraway, B.(2016). OUR Walmart: A case study of connective action. *Information, Communication & Society, 19*(7), pp.907~920.

Davis, J. L. & Chouinard, J. B.(2017). Theorizing affordances: From request to refuse. *Bulletin of Science, Technology & Society, 36*(4), pp.241~248.

Diakopoulos, N.(2015). Accountability in algorithmic decision-making: A view from computational journalism. *acmqueue, 13*(2), pp.44~55.

Donovan, J.(2018). After the #keyword: Eliciting, sustaining, and coordinating participation across the Occupy Movement. *Social Media + Society, 4*(1), 1. https://doi.org/10.1177/2056305117750720

Dziundziuk, V. et al.(2024). Artificial Intelligence-Based Decision-Making in Public Administration. *Public Policy and Administration, 23*(4), pp.422~440.

Khazraee, E. & Novak, A.(2018). Digitally mediated protest: Social media affordances for collective identity construction. *Social Media + Society, 4*(1). https://doi.org/10.1177/2056305118765740

Kim, K. & Kim, B.(2022). Decision-Making Model for Reinforcing Digital Transformation Strategies Based on Artificial Intelligence Technology. *Information, 13*(5), 253.

Kuziemski, M. & Misuraca, G.(2020). AI governance in the public sector: Three tales from the frontiers of automated decision-making in democratic settings. *Telecommunications Policy, 44*(6), 101976.

Lee, F. L. F. et al.(2021). Affordances, movement dynamics, and a centralized digital communication platform in a networked movement. Information, *Communication & Society, 25*(12), pp.1699~1716.

Liu, H. & Kim, S.(2018). A review of AI in public administration: Emerging trends and future directions. *Government Information Quarterly, 35*(4), pp.583~591.

Matheus, R. et al.(2020). Data science empowering the public: Data-driven decision-making in smart cities. *Government Information Quarterly, 37*(3), 101379.

Park, C. & Cha, J.(2019). A Trend on Smart Village and Implementation of Smart Village Platform. *International Journal of Advanced Smart Convergence, 8*(2), pp.177~183.

Pearce, K. E.(2015). Democratizing kompromat: The affordances of social media for state-sponsored harassment. *Information, Communication & Society, 18*(10), pp.1158~1174. https://doi.org/10.1080/1369118X.2015.1021705

Rotta, M. J. R. et al.(2019). Digital commons and citizen coproduction in smart cities: Assessment of Brazilian municipal e-government platforms. *Energies, 12*(14), 2813.

Shin, S. Y.(2024). Exploratory Analysis of AI-based Policy Decision-making Implementation. *International Journal of Internet, Broadcasting and Communication, 16*(1), pp.203~214.

Singh, E. et al.(2025). Ghar Ka Zayka: An AI-powered digital platform for community-based recipe sharing. *ResearchGate.*

Tsatsou, P.(2018). Social media and informal organization of citizen activism: Lessons from the use of Facebook in the Sunflower movement. *Social Media + Society, 4.* https://doi.org/10.1177/2056305117751384

Valle-Cruz, D. et al.(2022). From E-budgeting to Smart Budgeting: Exploring the Potential of Artificial Intelligence in Government Decision-Making for Resource Allocation. *Government Information Quarterly, 39*(2), 101644.

Yablonsky, S. A.(2020). AI-driven digital platform innovation. *Technology Innovation Management Review, 10*(10), pp.15~24.

08
AI와 지속 가능한 지역 사회

지속 가능성은 AI 시대 지역 공동체 발전의 핵심 가치로, 환경 · 사회 · 기술 시스템 간 균형을 요구한다. 본 장에서는 AI를 활용한 친환경 정책 설계, 스마트-생태 인프라 구축, 지역의 회복 탄력성 강화, 그리고 공공 서비스의 지속적 개선 전략을 중심으로, 지역 기반의 지속 가능성 실현 방안을 다층적으로 고찰한다.

AI와 한의학?

AI 지속 가능성의 개념과 지역 사회 적용

AI는 이제 환경, 사회, 경제의 전 영역에서 지속 가능성과 직결되는 핵심 기술 인프라로 자리매김하고 있다. 특히 AI는 지속 가능 발전 목표(SDGs) 달성을 위한 전략적 도구로 부상하면서, 세계 각국과 지역 사회는 그 윤리적이고 지속 가능한 활용 방안을 적극적으로 탐색하고 있다.

이러한 흐름 속에서 'AI 지속 가능성(AI sustainability)'이라는 개념이 새롭게 정립되고 있다. 이는 AI가 환경과 사회의 지속 가능성을 증진하는 역할을 수행하는 동시에, AI 기술 자체가 생태적 · 사회적으로 지속 가능한 방식으로 설계되고 운영되어야 함을 포함하는 포괄적 개념이다(van Wynsberghe, 2021). 즉, 지속 가능한 발전을 위한 인공지능은 기후 변화 대응, 자원 효율성 제고, 공공 서비스 향상 등 다양한 사회 · 환경적 과제를 해결하는 핵심 수단으로 활용되고 있으며(Dauvergne, 2020), 향후 지속 가능한 사회 구축을 위한 기술적 기반으로서의 역할이 더욱 강조될 것으로 보인다.

AI 개발과 운영은 자원 활용과 환경적 지속 가능성에 대한 새로운 윤리적 성찰을 요구한다(van Wynsberghe, 2021). 특히 대규모 자연어 처리 모델을 학습하는 과정은 막대한 연산 자원이 필요하며, 이로 인해 발생하는 탄소 배출량은 일반 차량 수십 대의 평생 운행량에 필적하는 수준으로 보고되고 있다. 이는 AI가 사회적 유익만큼이나 환경적 부담도 함께 수반할 수 있음을 시사하며, 기술의 전 생애 주기인 설계, 개발, 운영, 폐기에 걸쳐 책임성과 환경·사회적 영향을 통합적으로 고려해야 할 필요성을 부각한다.

이러한 문제의식에 대응해, 영국의 앨런 튜링 연구소(The Alan Turing Institute)는 AI 기술의 윤리성과 지속가능성을 확보하기 위한 실천적 가치 체계로 SUM 프레임워크(Respect, Connect, Care, Protect)를 제안했다(Leslie et al., 2023). 이 프레임워크는 생태적 무결성, 사회적 정의, 이해관계자 참여, 책임성이라는 네 가지 가치를 중심으로, AI의 전 주기에 걸친 윤리적 의사 결정 기준을 정립하고자 한다. 다시 말해, 기술 개발자뿐만 아니라 정책 결정자, 사용자, 지역 사회 모두가 함께 공유하고 실천할 수 있는 윤리적 기술 활용의 지침으로 기능하며, 지속 가능한 AI 생태계 구축을 위한 핵심 개념적 기반을 제공한다.

AI는 특히 도시 및 지역 사회에서 지속 가능성을 향상하는 강력한 도구로 작용할 수 있다. 스마트 시티, 에너지 최적화, 지리 정보 기반 재난 대응 시스템 등은 대표적인 사례다(Balasubramanian, 2024). 예를 들어, AI 기반 지리 정보 시스템은 산불 위험 지역을 실시간으로 예측하고, 자원 배분과 정책 결정을 지원함으로써 자연재해 대응의 지속 가능성을 높인다.

AI 지속 가능성을 지역 사회에 적용하기 위해서는 다음 세 가지 정책 요소가 중요하다. 첫째, 책임 있는 AI 거버넌스를 구축해야 한다. AI의 윤리적 설계, 투명한 데이터 처리, 지역 이해관계자 참여를 제도화함으로써, 신뢰 기반의 기술 활용이 가능해진다(Leslie et al., 2023). 둘째, 지역 맞춤형 기술 교육과 리터러시 확산이 필요하다. 지역 주민들이 기술 변화에 능동적으로 대응할 수 있도록 AI 리터러시와 디지털 기술 역량을 강화해야 한다(Tanveer et al., 2020). 셋째, 에너지 및 자원 사용의 지속 가능성을 평가하는 기술 기준을 마련해야 한다. AI가 지역 인프라에 미치는 환경적 영향을 정량화하고, 저탄소·고효율 알고리즘 개발을 유도해야 한다.

AI는 지속 가능한 사회를 향한 수단이 될 수도, 또 하나의 불균형을 심화하는 원인이 될 수도 있다. 따라서 AI의 지속 가능성은 기술의 문제가 아니라 공동체의 구조와 가치 체계에 깊이 연결된 사회적 선택의 문제다. 지역 사회에서의 AI 활용은 단순한 효율성 극대화가 아니라, 시민 중심의 윤리적 거버넌스, 사회적 포용, 환경적 책임이라는 지속 가능성 원칙을 중심으로 재구성되어야 한다. 이를 위해서는 AI 개발자, 정책 입안자, 지역 주민이 협력하는 지속 가능 혁신 생태계를 함께 만들어 가야 한다.

AI 기반 지역 개발 이론

지역 개발 이론은 내생적 잠재력과 공동체의 자기 조직화가 핵심적인 역할을 한다고 강조한다. 자기 조직화(self-organization)의 개념은 지역 사회의 구성원들이 자발적으로 문제를 해결하고, 지역 발전을 촉진하는 주체의 역할을 강조한다. 이러한 이론은 지역 사회의 고유한 사회적 가치, 자원, 그리고 집단행동을 활용해 지역 내 변화를 이끌어 내는 방법론을 제시한다.

특히, '자기 유지적 발전(self-sustaining development)' 개념(Henderson, 2011)은 지역 사회가 외부의 지원 없이도 내적 자원과 집단 역량을 통해 지속 가능한 발전을 이룰 수 있어야 한다고 주장한다. 이러한 관점은 AI 기술을 지역 사회와 결합했을 때 사회적 자본(social capital)의 증진과 자기 조직화가 어떻게 실현될 수 있는지에 대한 중요한 통찰을 제공한다.

AI는 지역 공동체 중심의 주도적인 활동이나 자발적인 노력과 결합할 때 사회적 자본을 증진할 수 있는 도구로 작용한다. AI는 데이터 분석, 예측 모델링, 자동화된 의사 결정을 통해 지역 사회의 정보 흐름을 개선하고, 주민들의 참여적 의사 결정을 보다 효율적이고 투명하게 만든다. 콜먼(Coleman, 1988)은 사회적 자본이 신뢰, 협력 네트워크, 정보 유통을 강화한다고 설명하며, AI가 이러한 사회적 자본을 확대하고 효율화하는 역할을 맡을 수 있다. AI가 지역 사회 내에서 참여적 거버넌스를 촉진하는 방식은 지역 주민들의 의견을 반영하고, 정책 결정에 시민의 목소리가 실질적으로 반영될 기회를 제공한다.

지역 개발 이론의 관점에서 볼 때, AI는 지역 사회와 거버넌스 간의 효과적인 매개체로 기능할 수 있으며, 이는 기존 이론들과도 접점을 이룬다. 예컨대, 레온티예프(Leontief, 1986)의 산업 연관 분석(input-output analysis)은 경제 내 다양한 부문 간의 상호 의존적 관계를 분석해, 자원 배분의 효율성과 경제적 연계성을 극대화하려는 이론적 틀을 제공한다. 이러한 분석 틀은 AI와 결합할 때, 지역 내 자원 흐름을 최적화하고 산업 간 협력을 촉진하며, 지역 경제 생태계의 시너지 창출을 지원하는 기반으로 작용할 수 있다.

한편, 파파콘스탄티니디스(Papakonstantinidis, 2020)가 제안한 '중간 AI 공동체(Intermediate AI Community)' 모델은 AI가 주민과 정책 결정자 사이의 가교 구실을 할 수 있음을 보여 준다. 이 모델은 AI가 대규모 시민 의견을 수집·분석하고, 이를 전략적으로 구조화함으로써, 정책 결정자가 더 대표적이고 포괄적인 방식으로 지역 사회의 집단적 요구를 반영하도록 돕는 구조를 제시한다. 다시 말해, AI는 지역 의사 결정 과정의 정보 중개자이자 민주적 촉진자로 기능하며, 거버넌스의 투명성과 정당성을 제고하는 데 기여할 수 있다.

또한 AI 기반 지역 모델은 사회적, 경제적, 영토적 요소들이 상호 작용하는 방식을 이해하고, 이를 기반으로 지속 가능한 지역 발전 도모에 핵심적 역할을 한다. 이러한 모델들은 AI가 지역 내 다양한 요소 간의 균형을 이루고, 상호 작용을 촉진하는 방안을 제시한다. 특히 '세 가지 승리(win-win-win)' 또는 '공동체 협상 모델(community bargaining win model)'(Papakonstantinidis, 2020)은 AI를 지역 협치 및 발전의 중재자 역할로 바라보는 접근 방식이다.

AI 기반 협상 모델은 지역 공동체의 다양한 이해관계를 반영하면서 협상과 타협을 통해 상호 이익을 추구하는 과정에 중점을 둔다. AI는 대규모 데이터 분석을 통해 지역 주민들의 여론을 반영하고, 정책적 결정을 내리는 데 필요한 통찰을 제공함으로써 효율적이고 공정한 협상을 유도할 수 있다.

AI는 지역 개발 이론의 기존 틀을 보강하고 확장하는 역할을 할 수 있다. 특히 AI는 내생적 잠재력과 자기 조직화를 활성화하는 도구로 작용하며, 사회적 자본을 강화하고 참여적 거버넌스를 촉진함으로써 지속 가능한 지역 발전을 위한 중요한 자원이 된다. AI가 지역 사회의 변화와 혁신을 이끄는 주체로서 그 기능을 발휘함으로써, 경제적 효율성, 사회적 포용, 지속 가능한 발전이라는 목표를 동시에 달성할 수 있는 전략적 기회를 제공할 것이다.

AI 기반 지역 공동체 웰빙 증진 방안

최근 AI가 사회 전반에 걸쳐 급속히 확산하면서, 지역 공동체의 웰빙(well-being)에 미치는 영향에 대한 관심이 증가하고 있다. AI는 경제, 교육, 보건, 커뮤니케이션 등 다양한 분야에 혁신을 가져왔을 뿐 아니라, 지역 사회에서 주민 삶의 질 향상에 영향을 줄 수 있는 잠재력이 있다.

웰빙은 "오늘날 사람들의 생활 여건과 삶의 질뿐만 아니라, 시간이 흐른 후에도 사람들의 웰빙을 지속시키는 데 필요한 자원(자연적, 경제적, 인적, 사회적 자본)"까지 포괄하는 개념으로 정의된다(OECD, 2019). 이러한 웰빙은 경제, 사회, 환경, 정치, 문화 등 다양한 차원을 포함하며, 공동체 기능이 얼마나 잘 운영되고 있는지를 평가하는 데 활용될 수 있다(Sung & Phillips, 2018).

지역 공동체 웰빙(community well-being)은 이러한 웰빙 개념을 공동체 수준에서 적용하려는 시도다. 지역 공동체는 "지리적 측면에서 동네나 도시, 사회적 측면에서 온라인 커뮤니티, 협회나 단체, 노동조합 등 다양한 형태의 집단"으로 정의할 수 있다(Phillips & Pittman, 2015). 필립스와 웡(Phillips & Wong, 2017)은 지역 공동체 웰빙을 "경제적, 사회적, 환경적 측면을 포함한 다차원적 가치가 사람들과 그들의 삶의 터전에 영향을 미치는 것"으로 설명한다. 이에 따라 지역 공동체 웰빙은 공동체, 문화, 경제 및 생활 수준(주거, 식량, 교통, 정보통신 기술 등 포함), 교육, 환경, 정부, 건강, 심리적 웰빙, 주관적 웰빙 및 감정, 시간 균형, 노동 등 11개 핵심 영역으로 구분할 수 있다.

웰빙의 측정은 오랜 역사를 지닌 연구 분야로, 정책 결정 과정에서도 점점 더 널리 활용되고 있다(Exton & Shinwell, 2018). 특히 개인 수준에서는 주관적 웰빙에 대한 신뢰성 있는 측정 방법이 발전하고 있으며, 다양한 문화권에서 공통으로 적용될 수 있는 표준화된 평가 지표들도 마련되어 있다(Diener et al., 2018).

이러한 맥락 속에서 AI 기술과 지역 공동체 웰빙의 연결은 주목할 만한 새로운 접근을 제시한다. 스트레이(Stray, 2020)는 AI 시스템의 최적화 목표에 지역 공동체 웰빙 지표(Community Well-Being Metrics)를 통합해야 한다고 주장했다. 그는 이를 통해 기술적 성과가 아니라 사회적 책임과 공동체 지속 가능성 증진을 목표로 하는 전략적 접근의 필요성을 강조한다.

스트레이는 페이스북과 유튜브 사례를 통해 이를 구체적으로 설명한다. 두 플랫폼은 각각 2017년과 2015년 경부터 사용자 참여율이나 시청 시간 같은 단기적 지표 대신, 사용자 웰빙과 장기적 만족도를 최적화 목표로 삼기 시작했다. 이들은 다양한 데이터 분석을 통해 사용자 경험의 질을 높이고, 공동체 차원에서도 긍정적 효과를 창출하려 시도했다. 이는 단순히 이용 시간을 늘리는 것

이상의 가치를 지향하는 방향으로, AI 기반 시스템 설계 철학의 전환을 보여 준다.

이러한 접근은 지역 사회 맥락에도 적용할 수 있다. 예를 들어, 뉴스 추천 시스템은 다양한 관점의 기사 노출을 확대함으로써 정보 편향을 줄이고, 제품 추천 시스템은 탄소 발자국(carbon footprint)을 고려해 친환경 소비를 유도할 수 있다. 즉, AI는 지역 사회 웰빙 증진을 위한 실질적 행동 변화를 촉진할 수 있다. 물론, AI 기반 지역 공동체 웰빙 최적화는 아직 초기 단계에 있다. 하지만 페이스북과 유튜브의 사례에서 보듯, 그 실현 가능성과 긍정적 잠재력은 이미 입증되고 있다.

앞으로 남은 과제는 공동체 구성원들의 적극적인 참여를 유도해 웰빙 지표를 공동 설계하고, 지표 선정 및 시스템 최적화 과정에서 나타날 수 있는 윤리적, 기술적, 경제적 문제를 해결하며, AI 시스템이 사회적 약자나 소외 계층을 배제하지 않고 모두에게 공평하게 기여할 수 있도록 디지털 포용성과 공정성을 강화하는 것이다. 이러한 과제들을 성공적으로 해결할 경우, AI 기술은 지역 공동체의 지속 가능한 발전을 촉진하는 강력한 도구로 기능할 것이다.

디지털 주권과 데이터 공동체

디지털 시대의 도래와 함께 지역 사회는 점차 데이터 기반 공공성과 자율성을 요구받고 있다. 이는 지역 주민과 공동체가 데이터의 생산, 관리, 활용 과정에 실질적인 주체로 참여할 수 있어야 한다는 요구로 이어진다.

디지털 주권(digital sovereignty)은 바로 이러한 참여와 자율성의 핵심 개념으로, 국가 차원의 기술 통제권을 넘어, 지역 주민과 공동체가 데이터에 대한 결정권을 갖는 자율성의 실현으로 확장되어야 한다(Farmer et al., 2023). 데이터 접근 권한은 물론 시민의 적극적인 참여를 통한 권리의 행사로 이어져야 한다.

디지털 주권은 시민이나 공동체가 자신의 데이터에 접근하고 이를 통제하며, 그 활용 방식에 직접 참여할 수 있는 권한을 의미한다. 초기 데이터 접근 권한에서 데이터의 생산과 해석, 정책 반영에 있어서 시민이 실질적인 영향력을 행사할 수 있는 구조를 포함한다(Gurstein, 2011). 다시 말해, 데이터에 접근하고, 소유하는 것에 그치지 않고, 데이터를 어떻게 사용하고, 분석하고, 적용하는지 주도권을 가진 시민 참여가 이루어져야 한다.

이러한 주권적 참여를 실현하기 위한 구조로는 데이터 공동체(data collaboratives)가 제시된다. 데이터 공동체는 비영리 조직, 지방 정부, 시민 사회가 협력해 데이터를 공유, 분석, 활용하는 협력 네트워크다. 각 참여자는 데이터 생태계 내에서 자신의 역할과 책임을 명확히 하며, 기술의 민주적 사용을 촉진하는 역할을 한다. 이러한 네트워크는 지속 가능한 혁신을 위한 협력을 통해 지역 문제 해결을 위한 실질적인 행동을 이끌어 낸다.

파머 등(Farmer et al., 2023)은 데이터 공동체가 공익을 위한 데이터 생태계 구축의 핵심적 틀로서, 디지털 주권을 실현하는 구체적 수단으로 '시민 데이터 권한화(data empowerment)' 개념을 제시한다. 비영리 조직, 지방 정부, 그리고 시민 사회가 공동으로 데이터 분석과 의사 결정에 참여함으로써, 기존의 정책 설계에서 소외된 계층의 목소리가 실질적으로 반영될 수 있게 된다. 또한 디지털 주권의 핵심적인 목표인 시민의 권리와 자율성을 실현하도록 시민이 데이터 프로젝트의 기획, 분석, 해석 과정에 주체적으로 참여하도록 설계된 구조를 의미한다.

거스틴(Gurstein, 2011)은 "오픈 데이터는 오히려 권력 있는 자에게만 이익이 되는 경향이 있다"라며 "참여 기반의 구조적 장치와 역량 강화를 동반하지 않으면 오히려 정보 격차를 확대할 수 있다"고 비판했다. 이 같은 디지털 주권은 데이터 윤리(data ethics), 포괄성(inclusivity), 분산형 거버넌스(decentralised governance) 등과 깊이 연관된다. 특히 윌리엄스(Williams, 2020)는 "데이터는 곧 사람이다"라는 명제를 통해 데이터 분석 이전에 인간 중심의 윤리적 판단 기준을 내재화해야 함을 강조한다.

파머 등(Farmer et al., 2023)은 데이터 공동체 형성을 위한 단계별 실천 전략으로 다음의 3단계 접근을 제안한다. 1단계는 조직 내부의 데이터 역량 구축으로 비영리 조직 내부의 데이터 기술, 리더십, 관리 시스템을 강화하고, 2단계로 유사한 목적을 지닌 비영리 부문 조직들과 데이터 자산과 분석 역량을 공유하며, 지역 데이터 협의체 기반의 협력 구조를 마련한다. 마지막 3단계는 시민과의 대등한 데이터 파트너십 형성을 통해 시민이 데이터 기획, 해석, 활용의 주체가 되는 구조를 지향하며, 데이터 거버넌스의 민주성과 정당성을 실현한다.

지역 기반 디지털 주권과 데이터 공동체는 정보 권한과 공공 권력의 재구조화 과정이며, 시민의 참여와 지역의 자율성 회복을 위한 사회적 실험이다. AI와 데이터 기술은 수단에 불과하며, 그 활용은 공공선(public good) 실현을 위한 윤리적 설계와 참여 기반 거버넌스와 함께 구축해야 한다(Wells, 2020; Williams, 2020). 지역 공동체는 기술을 비판적으로 바라보되, 동시에 데이터를 통한 사회 정의를 실현하는 협력 생태계를 조성해야 한다. 이것이 바로 디지털 시대에 걸맞은 지역 중심 공공 혁신의 핵심 동력이다.

참고문헌

Balasubramanian, S.(2024). AI-driven geospatial decision support systems for sustainable development and natural resource management. *International Journal of Artificial Intelligence in Geosciences, 2*(1), pp.1~11.

Coleman, J. S.(1988). Social capital in the creation of human capital. *American Journal of Sociology, 94*, pp.S95~S120.

Dauvergne, P.(2020). *AI in the wild: Sustainability in the age of artificial intelligence.* MIT Press.

Diener, E. et al.(2018). *Handbook of well-being.* DEF Publishers.

Exton, C. & Shinwell, M.(2018). *Policy use of well-being metrics: Describing countries' experiences.* OECD Statistics Working Papers, 2018(7). https://doi.org/10.1787/d98eb8ed-en

Farmer, J. et al.(2023). Activating for a data-capable future. In Farmer, J. & McCosker, A. (Eds.), *Data for social good*(pp.89~112). Springer.

Gurstein, M. B.(2011). Open data: Empowering the empowered or effective data use for everyone? *First Monday, 16*(2).

Henderson, D.(2011). David Friedman on "Sustainability". EconLog.

Leontief, W. W.(1986). *Input-Output Economics*(2nd ed.).

Oxford University Press.

Leslie, D. et al.(2023). *AI sustainability in practice: Part one-Foundations for sustainable AI projects.* The Alan Turing Institute.

Organization for Economic Cooperation and Development(OECD)(2019). *Measuring well-being and progress.* OECD Better Life Initiative. https://www.oecd.org/sdd/OECD-Better-Life-Initiative.pdf.

Papakonstantinidis, L. A.(2010). The Intermediate Community: A Behavioral/Bargaining Approach for Conflict Resolution at the Local-Bayesian Analysis.

Papakonstantinidis, L. A.(2020). The Win-Win-Win Papakonstantinidis Model: An Approach between Empathy and Conflict Strategy. An Inquiry into the T. Schelling's-The Strategy of Conflict (1960). *International Journal of Innovation and Economic Development, 6*(5), pp.28~70.

Phillips, R. & Pittman, R. H.(Eds.).(2015). *An introduction to community development.* Routledge.

Phillips, R. & Wong, C.(Eds.).(2017). *Handbook of community well-being research.* Springer.

Stray, J.(2020). Aligning AI optimization to community well-being. *International Journal of Community Well-Being, 3*(4), pp.443~463.

Sung, H. & Phillips, R. G.(2018). Indicators and community well-being: exploring a relational framework. *International Journal of Community Well-Being, 1*(1), pp.63~79.

Tanveer, M. et al.(2020). Academic policy regarding sustainability and artificial intelligence (AI). *Sustainability, 12*(22), 9435.

van Wynsberghe, A.(2021). Sustainable AI: AI for sustainability and the sustainability of AI. *AI and Ethics, 1*(3), pp.213~218.

Wells, R.(2020). "Introducing DataKind's Center of Excellence". DataKind. https://www.datakind.org/blog/introducing-datakinds-center-of-excellence

Williams, S.(2020). *Data action: Using data for public good.* MIT Press.

09

AI와 지역 커뮤니케이션

AI는 디지털 저널리즘과 연계해, 지역 사회의 정보 유통 구조와 커뮤니케이션 방식에 영향을 미치고 있다. 이 장에서는 AI 기반 로컬 미디어, 자동화된 뉴스 생산, 지역 커뮤니티의 미디어화를 통해 AI가 미디어 환경을 재구성하며 정보 흐름, 지역 신뢰, 사회적 연결 방식에 미치는 영향을 조명한다. 정보 공유와 사회적 신뢰의 디지털 기반을 탐색한다.

AI와 화장품?

AI 시대의 디지털 저널리즘

디지털 기술의 발전과 AI의 부상은 저널리즘의 전통적 실천 방식과 윤리적 정체성을 근본적으로 흔들고 있다. AI는 뉴스의 수집, 생산, 유통, 소비 전 과정에 깊숙이 개입하며, 기자의 역할을 보조하거나 대체하는 동시에, 독자와의 상호 작용 방식에도 근본적인 변화를 가져오고 있다(Pavlik, 2023; Wilczek et al., 2024).

이러한 변화는 AI에 국한되지 않는다. 모바일 기술, 알고리즘, 디지털 플랫폼 등 다양한 디지털 기술은 저널리즘 생태계의 핵심 행위자로 작동하고 있다. 이들은 뉴스 콘텐츠의 형식과 내용뿐 아니라, 생산 방식, 유통 경로, 취재·보도의 관계망, 윤리적 판단 기준, 그리고 권력 구조 자체를 재구성하고 있다. 이러한 기술 기반의 구조적 전환은 디지털 저널리즘의 개념과 실천의 경계를 근본적으로 다시 그리게 만들고 있으며, 기존 저널리즘 이론과 제도의 재검토를 요구하고 있다(Robinson et al., 2019).

'디지털'은 기술 형식으로서 정보 생성과 유통의 방식뿐 아니라 사회 전반의 작동 원리를 바꾸어 놓은 총체적 패러다임이다. 디지털은 연속된 물리적 흐름인 아날로그와 달리 이산적(binary) 신호와 컴퓨터 기반의 연산 시스템을 기반으로 작동하며, 정보를 생성 · 처리 · 저장 · 전달하는 전 과정을 자동화하고 네트워크화한다. 이러한 디지털 기술은 정보의 표현 방식, 인간 간 상호 작용의 구조, 커뮤니케이션 방식까지 근본적으로 재구성한다.

반면, 아날로그는 연속적인 물리 신호나 기호를 통해 정보를 전달하는 방식으로, 전통적인 신문 · 방송 저널리즘은 바로 이러한 아날로그 기술을 토대로 발전해 왔다. 아날로그 기반의 미디어 시스템은 물리적 인프라 구축, 공간적 거리의 극복, 생산 및 유통 시간의 제약을 본질적으로 수반하며, 정보 전달의 속도와 범위에서 구조적 한계를 지닌다.

특히 디지털 저널리즘은 시간적 · 공간적 경계, 생산과 소비, 인간과 기술의 관계를 근본적으로 재편하는 전환적 조건을 의미한다. 디지털 기술은 정보의 비물질화와 무한 복제를 가능케 하며, 시간과 공간의 경계를 해체하고, 뉴스 생산자와 소비자 간의 구분을 흐리는 상호 작용적이고 네트워크화한 뉴스 생태계를 창출한다. 디지털 저널리즘은 이러한 맥락 속에서 몰입성(immersiveness), 상호 연결성(interconnectedness), 반복성(iterativity), 개인화(personalization)와 같은 특성을 통해 뉴스의 경험 방식뿐 아니라 생산 윤리, 유통 구조, 저널리즘의 권위와 신뢰 구조 자체를 변화시킨다(Singer, 2018). 즉, 디지털은 저널리즘을 구성하는 정치 · 경제적 조건, 사회적 실천, 권력관계, 지식 생산 방식을 새롭게 구성하는 핵심 매개이자 분석 프레임으로 이해해야 한다(Robinson et al., 2019).

AI는 뉴스룸 내에서 반복 작업을 자동화하고, 기자들이 보다 고차원적 분석이나 탐사 보도에 집중할 수 있게 만든다. 파블릭(Pavlik, 2023)은 AI가 기자들을 기사 작성자에서 '디지털 큐레이터(digital curators)'로 전환하고 있음을 지적한다. 이는 인간의 편집적 판단과 윤리적 통찰을 여전히 중심에 두되, AI를 전략적 파트너로 활용하는 방향이다. 뉴스 플랫폼은 AI 기반 추천 알고리즘을 통해 소비자 맞춤형 뉴스를 제공한다. 이는 트라트너 등(Trattner et al., 2022)이 제기한 '정보의 울타리(information bubble)'와 밀접한 관련이 있다.

알주비 등(Al-Zoubi et al., 2024)은 AI 기술이 저널리즘의 신뢰성과 투명성을 위협할 수 있는 주요 요인임을 지적한다. 특히 딥페이크 기술, 자동 기사 생성, 편향된 알고리즘은 정보의 정확성, 진정성, 공정성에 심각한 악영향을 미칠 수 있으며, 이는 언론의 공적 신뢰 기반을 약화할 수 있다. 시투모랑(Situmorang, 2024)은 AI 윤리의 핵심 이슈로 편향, 허위 정보, 저작권 침해, 프라이버시 침해 문제를 제기하며, AI 기반 저널리즘이 지녀야 할 윤리적 기준의 정립 필요성을 강조한다.

AI의 확산은 기술 접근성과 활용 능력에 따라 언론 간 격차를 심화하는 구조적 요인으로 작용하기도 한다. 리(Li, 2024)는 대형 언론사와 지역 언론 간의 디지털 격차가 더욱 벌어질 수 있음을 경고하며, 기술 인프라의 불균형이 정보 불평등으로 이어질 가능성을 제시한다. 빌체크 등(Wilczek et al., 2024) 역시 지역 언론이 뉴스 수집, 편집, 유통 등 다양한 영역에서 AI를 통해 새로운 가치를 창출할 수 있음을 인정하면서도, 제한된 예산과 전문 인력의 부족으로 인해 전략적 도입이 어렵다고 진단한다.

손니 등(Sonni et al., 2024)은 성공적인 디지털 뉴스룸은 AI를 속도와 효율성의 도구로, 인간 기자는 맥락 해석과 윤리 판단의 주체로 재구성하는 인간-기계 협업 모델을 통해 효율성과 윤리성의 균형을 유지하는 방향으로 나아가야 한다고 주장한다. 이는 책임 있는 AI(responsible AI)의 원칙을 준수하는 방향으로, 조직 내부의 지식 격차 문제까지 포함해 통합적인 혁신 전략이 필요하다.

AI는 저널리즘의 미래를 형성하는 강력한 기술이지만, 그것이 가져올 사회적 영향과 윤리적 도전을 회피해서는 안 된다. 기술 도입에 대한 신중한 접근과 더불어, 포괄적 AI 리터러시, 투명성, 윤리적 기준, 지역성에 대한 배려가 조화롭게 이뤄질 때, 디지털 저널리즘은 지속가능한 방향으로 전환될 수 있다.

AI 기반 지역 뉴스 생산과 콘텐츠 혁신

디지털 전환과 AI 발전은 저널리즘의 구조적 변화뿐 아니라, 지역 뉴스 생태계 전반에 걸쳐 콘텐츠 생산 방식의 혁신과 과제를 동시에 안겨 주고 있다. 특히 지역 언론은 제한된 자원과 낮은 기술 접근성으로 인해 대형 언론사보다 AI 도입이 더디며, 이는 지역 뉴스의 다양성과 지속가능성에 위협이 될 수 있다(Eder & Sjøvaag, 2025; Li, 2024).

전통적인 지역 저널리즘은 아날로그 기반의 인쇄 중심 구조 속에서 물리적 인프라와 고정된 광고 수익 모델에 의존해 왔다. 그러나 디지털 기술, 특히 AI의 발전은 이러한 구조를 근본적으로 변화시키고 있다(Robinson et al., 2019). AI는 자동 기사 생성, 추천 알고리즘, 데이터 기반 스토리텔링 등 다양한 방식으로 뉴스룸에 통합되며, 뉴스 생산자의 노동을 보완하거나 대체하는 도구로 활용되고 있다(Pavlik, 2023).

지역 뉴스에도 AI는 다양한 가능성을 제시한다. 예를 들어, 로스앤젤레스타임스(The Los Angeles Times)가 개발한 퀘이크봇(QuakeBot)과 같은 자동보도 시스템은 미국 지질 조사국(USGS)의 데이터를 실시간으로 수신하고, 일정 규모 이상의 지진이 발생하면 자동으로 기사를 생성해 웹사이트에 게시하는 기능을 수행함으로써(Le Quere & Jakesch, 2022), 자연재해 발생 시 시민에게 신속하고 정확한 정보를 전달할 수 있는 자동화 구조를 제공한다.

이 외에도 지역 언론은 AI 기반 데이터 시각화 도구, 자동 음성 인식(ASR)을 활용한 회의록 · 인터뷰 전사 시스템, 로컬 데이터 기반 탐사 저널리즘 분석 플랫폼 등 다양한 기술을 실험하고 있다(Wilczek et al., 2024). 예컨대 일부 지역 뉴스룸에서는 지역 경찰 리포트, 보건 통계, 부동산 변동 정보 등 구조화된 공공 데이터를 기반으로 한 자동 기사 생성 시스템을 개발하고 있으며, 이는 기자들의 반복 업무를 줄이고 심층 보도에 집중할 수 있는 여건을 조성해 준다. 이러한 AI 기반 혁신은 지역성과 기술을 결합한 하이브리드 저널리즘 모델을 가능하게 한다.

그러나 이러한 기술적 잠재력에도 불구하고, 지역 언론은 인력, 재정, 기술 인프라 등의 제약으로 인해 이러한 시스템을 구축하거나 활용할 여력이 부족한 경우가 많다. 에더와 셰바그(Eder & Sjøvaag, 2025)는 이를 '기술 채택 곡선(technology adoption curve)'의 관점에서 설명하는데, 이는 혁신 기술이 조직 내에 도입되어 확산하기까지 시간차와 수용 속도의 차이를 보여 주는 곡선 개념으로, 지역 언론은 보통 후발 주자(late adopters) 혹은 도입 회피자(laggards)로 위치할 가능성이 높다.

또한 기술의 도입은 항상 윤리적 질문을 수반한다. 알주비 등(Al-Zoubi, et al., 2024)은 자동화 기술이 정보의 진정성을 위협하고, 알고리즘의 편향성과 딥페이크 등의 문제는 지역 뉴스의 신뢰성까지 저해할 수 있음을 지적한다. 특히 편집권의 알고리즘 위임은 지역 사회의 민주적 정보 접근권을 침해할 수 있다(Porlezza, 2023). 이는 디지털 격차와 정보 불균형의 확대, 지역 뉴스의 지속가능성 약화로 이어질 수 있다. 따라서 지역 언론은 공공성과 공동체 중심의 디지털 혁신 전략을 구축해야 하며, 이를 통해 AI와 지역 저널리즘이 상호 보완적 파트너로 기능할 수 있도록 재설계할 필요가 있다.

AI 시대 지역 커뮤니케이션의 미디어화

AI는 지역 사회 커뮤니케이션의 조건과 양식을 구조적으로 변화시키고 있으며, '미디어화(mediatization)'라는 개념을 통해 보다 체계적으로 설명될 수 있다. 미디어화는 미디어가 사회 각 부문에 통합되며, 그 기능과 논리가 사회 제도와 상호 작용하며, 사회적 실천의 방식 자체를 재구성하는 장기적 과정으로 정의된다(Hjarvard, 2008; Couldry, 2008).

미디어화 이론은 기존의 '미디어 논리(media logic)' 개념을 발전시킨 것으로, 미디어가 다른 사회 제도에 영향을 주는 방식뿐만 아니라, 사회가 매체를 수용하고 적응하는 과정까지 포괄한다(Schulz, 2004; Finnemann, 2011). 슐츠(2004)는 미디어화의 네 가지 과정을 미디어는 인간 커뮤니케이션의 시공간적인 한계를 연장(extension)하며, 기존 사회 활동을 대체(substitution)하거나, 융합(amalgamation)하고, 사회 제도와 개인이 적응(accommodation) 하도록 만든다고 했다. 이러한 관점은 디지털 플랫폼과 AI가 지역 커뮤니케이션을 어떻게 변화시키는지를 분석하는 유용한 틀을 제공한다.

예를 들어, 지역 공공 기관이 뉴스레터 대신 챗봇을 활용하거나, 지역 미디어가 실시간 SNS 뉴스를 통해 시민 참여를 촉진하는 방식은 지역이 미디어화에 적응해 나가는 사례라 할 수 있다. 특히 심층 미디어화(deep mediatization)는 알고리즘, 데이터, 인공지능이 사회적 실천 전반을 구성하는 핵심 요소가 되면서 미디어화의 새로운 단계로 부상했다(Hepp, 2020).

지역 커뮤니케이션은 기존에는 신문과 방송, 주민 회의, 공청회 등의 아날로그 채널을 통해 주로 이루어졌다. 그러나 AI 도입은 커뮤니케이션 형식, 시간성, 공간성을 근본적으로 변화시키고 있다. 이는 지역 커뮤니케이션이 더 이상 물리적 공간에만 제한되지 않음을 의미하며, 가상 커뮤니티와 데이터 기반 거버넌스가 새로운 형태의 지역 커뮤니케이션 지형을 형성하고 있다.

또한 AI는 공공 커뮤니케이션을 자동화하거나 개인화해 지역 주민의 참여 양식에까지 영향을 미치고 있다. 히야바드(Hjarvard, 2013)는 미디어가 사회 제도의 운용에 통합되고, 동시에 독립적인 제도로 기능하는 이중적 특성이 있다고 지적했다. 예를 들어, 지역 의회나 주민 자치회에서 AI 기반 요약 시스템을 도입하거나, 자동화된 설문 분석을 통해 주민 의견을 반영하는 경우, 이는 미디어화가 공공적 의사 결정의 문법을 구조화하고 있다는 것을 보여 준다. 이처럼 지역 커뮤니케이션에서 미디어화의 양상은 시공간의 재구성, 기술 기반 상호 작용, 지역 공론장의 알고리즘화 현상으로 나타난다.

AI 기반 커뮤니케이션은 인간 간의 대화가 아니라 알고리즘 중심 상호 작용으로 전환되며, 인간-기계 커뮤니케이션의 영역으로 확장된다. 또한 AI 알고리즘이 뉴스 추천, 의사 결정 플랫폼 설계 등에 개입하면서, 지역 내 여론 형성과 담론 흐름이 기술적 구조에 종속되는 경향을 보인다. 특히 디지털 기반의 뉴스룸 운영, SNS 기반 주민 피드백 시스템 구축 등은 AI 기반 미디어화가 지역성(locality)을 어떻게 재정의하고 있는지를 보여 준다. 이 변화는 지역 사회의 의사소통 양식, 관계 형성, 권력 구성 방식 자체를 재편성하는 과정이다. 따라서 지역 커뮤니케이션의 지속 가능성과 민주성 확보를 위해서는 미디어화 과정에서의 윤리적 기준, 기술 접근성, 문화적 적합성 등을 고려한 다층적 전략이 필요하다.

AI 리터러시가 중요한 이유

1956년, 다트머스 회의(Dartmouth Conference)에서 존 매카시(John McCarthy), 마빈 민스키(Marvin Minsky), 클로드 섀넌(Claude Shannon), 너새니얼 로체스터(Nathaniel Rochester) 등은 인간과 유사한 지능을 기계

에 구현하는 연구를 공식적으로 제안하며, 처음으로 '인공지능(Artificial Intelligence)'이라는 용어를 사용했다. 이들은 AI를 "지능적인 기계를 만드는 과학과 공학(the science and engineering of creating intelligent machines)"으로 정의하며, 이후 수십 년간 인공지능 연구의 기초를 닦는 데 중추적인 역할을 했다(McCarthy, 2007).

AI는 처음에는 이론적 개념으로 출발했지만, 곧 자연어 처리(Natural Language Processing, NLP), 신경망(Neural Networks), 머신 러닝(Machine Learning) 등 다양한 하위 기술들을 통해 실제 문제 해결 능력을 갖춘 지능형 시스템으로 발전했다(Mondal, 2020). 이러한 기술들은 인간의 언어를 이해하고, 데이터를 기반으로 패턴을 학습하며, 일정 수준의 자율적 의사 결정을 수행하는 시스템을 가능하게 만들었고, 오늘날에는 산업, 교육, 의료, 금융 등 다양한 분야에 걸쳐 AI 기술이 활용되고 있다.

결국, AI는 다트머스 회의에서 제안된 '기계 지능'에 대한 초기 비전에서 출발해, 현재는 사회 전반에 영향력을 미치는 복합적 기술 체계로 진화했다. 이는 당시 연구자들이 제시한 이상이 이론적 구상에 그치지 않고, 실제 기술로 구현되어 사회적 실천력을 획득하고 있음을 보여 주는 역사적 사례라 할 수 있다.

AI가 일상 속으로 깊숙이 확산함에 따라, 이를 올바르게 이해하고 비판적으로 활용할 수 있는 시민의 역량, 즉 AI 리터러시의 중요성도 함께 주목받고 있다. AI 리터러시는 부르크슈타이너 등(Burgsteiner et al., 2016)에 의해 처음 제안되었으며, 롱과 매저코(Long & Magerko, 2020)는 개인이 AI를 비판적으로 평가하고, 효과적으로 소통하며, 협력할 수 있는 능력, 그리고 온라인, 가정, 직장 등 다양한 환경에서 AI를 도구로 활용할 수 있는 일련의 역량으로 정의했다. 또한 응(Ng) 등(2021a, 2021b)은 AI를 모든 학생의 21세기 디지털 리터러시에 포함해야 하며, 이는 컴퓨터 과학자뿐 아니라 모든 사람에게 필수적인 기본 역량이라고 강조했다.

AI 리터러시는 사회적 참여와 공공 의식으로 확장되는 개념이라는 점에서 주목할 만하다. 다시 말해, AI 리터러시는 개인이 기술을 비판적으로 수용하고 활용하는 능력일 뿐만 아니라, 디지털 사회의 시민으로서 능동적으로 참여하고 책임 있게 행동하는 역량을 포괄한다. 이는 기술에 대한 이해뿐 아니라, 그 사회적 함의와 윤리적 가치에 대한 인식을 포함하는 복합적 소양이다.

지역 사회 차원에서도 마찬가지로, AI가 행정과 생활 전반에 도입되는 상황에서 시민들은 기술의 작동 원리와 사회적 영향을 이해하고, 비판적으로 사고하며 의견을 제시할 수 있는 능력을 요구받는다. 이러한 능력은 정보 소비자에서 공적 의사 결정에 기여하는 참여자로서의 시민을 가능하게 한다. 결과적으로, AI 리터러시는 기술의 민주적 통제를 실현하고, 사회적 신뢰와 책임 있는 기술 생태계를 구축하는 데 필수적인 역할을 한다(Marcucci et al., 2022). 이러한 맥락에서 AI 리터러시는 디지털 시민성과 민주적 거버넌스를 촉진하는 핵심 역량으로 부상하고 있다.

또한 AI 리터러시는 기술 운용의 투명성과 책임성 확보를 위한 조건이 된다. 시민들이 AI 시스템의 의사 결정 구조와 알고리즘이 작동하는 방식에 대해 이해하게 되면, 기술 운용에 대한 설명 가능성과 정당성에 대한 요구가 강화되며, 이는 결과적으로 공공 부문과 민간 부문 모두의 책임 있는 기술 사용을 촉진한다.

더 나아가, 기술의 사회적 영향에 대한 비판적 이해는 알고리즘의 편향성과 기술 격차 문제를 인식하고 대응할 수 있는 능력과 연결된다. 아울러, 개인 정보 보호와 데이터 권리에 대한 인식 증진 역시 AI 리터러시의 중요한 축을 이룬다. 데이터 수집·활용 과정에 대한 시민의 이해는 프라이버시 보호와 데이터 오남용 방지를 가능하게 하며, 이는 정보 주체의 권리를 실질적으로 보장하는 기반이 된다.

AI 리터러시는 기술을 활용한 지속 가능한 도시 발전과 혁신의 동력으로 작동한다. 기술에 대한 이해와 활용 역량을 갖춘 시민은 도시 문제 해결에 보다 적극적으로 참여할 수 있으며, 이는 도시의 경제적·사회적 회복력과 삶의 질 향상에 실질적인 기여를 할 수 있다(Marcucci et al., 2022). 이처럼 AI 리터러시는 기술적 역량을 넘어 시민의 민주적 참여, 투명성, 책임성, 사회적 형평성, 개인 정보 보호, 지속 가능한 발전을 위한 핵심적 역량으로 자리 잡고 있다.

참고문헌

Al-Zoubi, O. et al.(2024). Artificial intelligence in newsrooms: Ethical challenges facing journalists. *Studies in Media and Communication, 12*(1), pp.44~61.

Burgsteiner, H. et al.(2016). Irobot: Teaching the basics of artificial intelligence in high schools. In *Proceedings of the AAAI Conference on Artificial Intelligence, 30*(1) (pp.4126~4127).

Couldry, N.(2008). Mediatization or mediation? Alternative

understandings of the emergent space of digital storytelling. *New media & society, 10*(3), pp.373~391.

Eder, M. & Sjøvaag, H.(2025). Falling behind the adoption curve: Local journalism's struggle for innovation in the AI transformation. *Journal of Media Business Studies.* https://doi.org/10.1080/16522354.2025.2473301

Finnemann, N. O.(2011). Mediatization theory and digital media. *Communications, 36*(1), pp.67~89.

Hepp, A.(2020). *Deep Mediatization.* Routledge.

Hjarvard, S.(2008). The mediatization of society: A theory of the media as agents of social and cultural change. *Nordicom Review, 29*(2), pp.105~134.

Le Quere, M. A. & Jakesch, M.(2022). Trust in AI in under-resourced environments: Lessons from local journalism. *CHI '22: Workshop on Trust and Reliance in AI-Human Teams.* ACM.

Li, Y.(2024). How artificial intelligence innovations in journalism can overcome the digital divide. *International Journal of Big Data Intelligent Technology, 5*(1), pp.23~35.

Long, D. & Magerko, B.(2020). What is AI literacy? Competencies and design considerations. In *Proceedings of the 2020 CHI conference on human factors in computing systems*(pp.1~16).

Marcucci, S. et al.(2022). *AI localism in practice: Examining how cities govern AI.* The GovLab.

McCarthy, J.(2007). From here to human-level AI. *Artificial Intelligence, 171*(18), pp.1174~1182.

Mondal, B.(2020). Artificial intelligence: State of the art. *Recent Trends and Advances in Artificial Intelligence and Internet of*

Things, pp.389~425.

Ng, D. T. K. et al.(2021a). AI literacy: Definition, teaching, evaluation and ethical issues. *Proceedings of the Association for Information Science and Technology, 58*(1), pp.504~509.

Ng, D. T. K. et al.(2021b). Conceptualizing AI literacy: An exploratory review. *Computers & Education: Artificial Intelligence, 2*, Article 100041.

Pavlik, J. V.(2023). Collaborating with ChatGPT: considering the implications of generative artificial intelligence for journalism and media education. *Journal. Mass Commun. Educ., 78*, pp.84~93.

Porlezza, C.(2023). Promoting responsible AI: A European perspective on the governance of artificial intelligence in media and journalism. *Communications, 48*(3), pp.370~394.

Robinson, S. et al.(2019). Locating the "digital" in digital journalism studies: Transformations in research. *Digital Journalism, 7*(3), pp.368~377.

Schulz, W.(2004). Reconsidering Mediatization as an Analytical Concept. *European Journal of Communication, 19*(1), pp.87~101.

Singer, J. B.(2018). Journalism in the Network. In Singer, J. B. (Ed.), *Theorizing Digital Journalism: The Networked Press Comes of Age*(pp.215~234). Routledge.

Situmorang, R. T.(2024). Ethics Related to the Adoption of Generative AI in Journalism: A Systematic Literature Review. *Jurnal Representamen, 10*(2), pp.92~112.

Sonni, A. F. et al.(2024). Digital newsroom transformation: a systematic review of the impact of artificial intelligence on journalistic practices, news narratives, and ethical challenges. *Journal. Media, 5*, pp.1554~1570.

Trattner, C. et al.(2022). Information bubbles and personalization algorithms: A media ethics challenge. *Digital Media Ethics Journal, 5*(1), pp.89~104.

Wilczek, B. et al.(2024). Transforming the Value Chain of Local Journalism with Artificial Intelligence. *AI Magazine, 45*(2), pp.200~211.

10
AI와 지역 공동체의 미래

이 장은 AI 기반 디지털 전환이 지역 공동체의 구조와 정체성, 운영 방식에 미치는 복합적 영향을 다층적으로 고찰하고, 기술 수용을 넘어서는 사회 시스템의 전략적 전환 방향을 모색한다. AI 전환과 지역 공동체의 상생 가능성과 회복 탄력성, 그리고 향후 지역 공동체 연구와 정책 설계를 위한 과제를 체계적으로 제시한다.

종교와 AI?

AI 전환과 지역 공동체의 상생 가능성

디지털 전환이 공공과 민간의 운영 방식을 근본적으로 변화시키는 가운데 AI는 지역 공동체의 운영과 문제 해결, 주민 참여 방식에까지 깊숙이 영향을 미치고 있다(Bender, 2023; Madden, 2004). 이 변화는 지역 고유의 공공성과 자율성을 어떻게 유지·확장할 것인가 하는 핵심 문제를 제기한다. 특히 지역 사회 기반 조직들은 AI와 데이터 기술을 사회적 가치와 거버넌스 정당성을 강화하는 촉매로 활용해야 할 필요성에 직면하고 있다(Farmer et al., 2023).

AI 중심 디지털 전환이 지역 공동체와 상생을 이루기 위해서는 기술 중심 시각을 넘어 지역의 사회적 구조와 정체성, 협력적 의사 결정 문화를 포괄하는 전략이 요구된다. 이 과정에서 지역 기반 AI 도입과 거버넌스 정당성 강화, 데이터 협력 생태계 모델 구축, 시민 중심 데이터 전략 추진, 공동 데이터 기반 사회 정의 실현 등의 네 가지 핵심축이 강조된다.

첫째는 지역 기반 AI 도입과 거버넌스 정당성 강화다. AI 기술을 지역 공동체에 효과적으로 적용하기 위해서는 거버넌스 정당성을 확보해야 한다(Koskimies & Kinder, 2024). 지역 주민과 조직이 AI 기술의 설계, 적용, 평가 과정에 실질적으로 참여해 의사 결정의 투명성과 수용성을 높이는 것이 핵심이다. 파머 등(Farmer et al., 2023)은 이러한 참여적 기술 거버넌스를 '데이터 정의(data justice)'의 관점에서 강조하며, 시민이 기술의 영향을 스스로 판단하고 대응할 수 있는 역량을 갖추는 것이 필요하다고 제안한다.

둘째로, 데이터 협력 생태계 모델을 구축해야 한다. AI 기반 공공 서비스와 지역 문제 해결은 개별 기관의 노력만으로 실현하기 어렵다. 비영리 조직, 지방 정부, 시민 사회가 데이터를 공유 · 해석 · 활용하는 '데이터 협력 생태계(data collaboratives ecosystem)' 구축이 필수적이다(Madden, 2004). 예를 들어, 호주 벤디고(Bendigo)시의 지역 데이터 협력 프로젝트는 데이터 공유를 통한 사회 복지 서비스 개선과 공공 정책 분석의 민주화를 실현한 바 있다(Farmer et al., 2023).

셋째로 시민 중심의 데이터 전략을 추진해야 한다. AI가 지역 사회에서 신뢰를 얻기 위해서는 기술이 '누구를 위해' '어떻게' 사용되는지가 결정적이다(Bogonikolos & Papakonstantinidis, 2024). 따라서 시민 AI 데이터 역량을 확충하고, 시민이 데이터 수집, 해석, 의사 결정 과정의 주체로 참여할 수 있도록 지원해야 한다. 이는 지역 공동체의 데이터 리터러시와 AI 감시 역량, 정보 주권 의식을 함께 강화하는 방향으로 전개되어야 한다.

마지막으로 공공 데이터 기반 사회 정의 실현이다. AI 디지털 전환이 지역 공동체의 상생으로 이어지려면 기술이 사회적 약자와 공동체 현실을 개선하는 데 기여해야 한다. 지역 빈곤, 환경, 장애, 교육 격차 등 다양한 사회적 문제를 AI 분석을 통해 다루고, 정책 설계에 반영할 수 있는 구조적 장치 마련이 요구된다. 이 과정은 AI를 통한 사회 정의의 기술적 실현이라는 관점에서 접근해야 한다(Challoumis, 2024).

AI는 지역 공동체에 실질적인 기회를 제공할 수 있지만, 공공선과 결합하지 않으면 오히려 지역성(locality), 정체성(identity), 공동체성(community)을 약화할 수 있다. 따라서 AI 기반 디지털 전환은 시민 참여, 협력 생태계 구축, 사회 정의 구현이라는 핵심 원칙을 기반으로 설계해야 한다(Bender, 2023; Koskimies & Kinder, 2024). 지방 정부, 공공 기관, 비영리 조직은 AI를 공공성과 정당성을 재구성하는 수단으로 적극 활용해야 하며, 이를 통해 지속 가능하고 포용적인 지역 공동체로의 전략적 전환을 이끌어야 한다.

AI와 지역 공동체의 회복 탄력성

현대 사회에서 회복 탄력성은 재난, 기후 변화, 경제 위기, 팬데믹 등 다양한 충격과 위기 상황에 직면했을 때 공동체와 개인이 이를 견디고 회복하며 더 나아가 적응하고 발전할 수 있는 능력을 의미한다(Rane et al., 2024). 이러한 회복 탄력성은 인간의 복구 능력에서 변화하는 환경에 적극적으로 적응하고, 더 나은 상태로 발전하려는 역동적 능력을 포함한다. AI의 발전은 이러한 회복 탄력성을 크게 향상할 새로운 가능성을 열어 주고 있다.

AI 기반 회복 탄력성(AI-based Resilience)은 기술을 활용해 재난 대응, 인프라 관리, 도시 계획, 공공 보건, 공급망 운영, 사회적 연결망 강화 등 다양한 분야에서 시스템의 적응력과 복원력을 증진하는 것을 의미한다. AI는 방대한 데이터 분석, 예측 모델링, 실시간 모니터링, 자원 최적화 등의 기능을 통해 복잡하고 빠르게 변화하는 환경에 능동적으로 대응할 수 있는 체계를 구축한다(Diehr et al., 2025; Samaei, 2024).

AI 기반 회복 탄력성의 핵심 특징은 예측적 대응 능력이다. AI는 기후 재난, 감염병 확산, 인프라 붕괴 등 다양한 위기 상황을 사전에 예측하고, 선제 대응 전략을 수립할 수 있도록 지원한다(Diehr et al., 2025). 이를 통해 사회는 재난 발생 이전부터 준비 태세를 갖출 수 있으며, 피해를 최소화할 기회를 확보하게 된다.

이러한 선제 대응이 효과적으로 작동하기 위해서는, 실시간 모니터링과 신속한 의사 결정 지원 시스템을 병행해야 한다. 머신 러닝과 센서 네트워크를 결합하면, AI는 환경의 변화와 위험 신호를 실시간으로 감지하고, 빠르고 정확한 대응 결정을 자동화할 수 있다(Chen & Zhang, 2025). 이는 재난 대응의 초기 속도를 높이고, 인간 중심 의사 결정의 오류 가능성을 줄이는 데 기여한다.

더 나아가, AI는 축적된 데이터를 바탕으로 스스로 학습하며 대응 전략을 지속적으로 개선해 나간다. AI 시스템은 새로운 데이터에 기반해 변화하는 위험 환경에 유연하게 적응할 수 있으며, 과거 경험에만 의존하지 않고 미래 상황에 맞춤형으로 대응할 수 있는 능력을 갖춘다(Al-Raeei, 2024). 이처럼 자기 진화적 특성은 회복 탄력성의 지속적 향상에 결정적인 역할을 한다.

AI 기반 회복 탄력성의 적용 사례를 살펴보면, 인공지능과 머신 러닝을 결합한 GIS 시스템은 홍수, 지진, 산사태 등 자연재해를 실시간으로 예측하고 대응할 수 있도록 지원한다(Diehr et al., 2025). 예를 들어, 재난 발생 가능성이 높은 지역을 사전에 식별하고, 대피 계획을 사전에 수립할 수 있다. 도시 공공 보건 시스템은 AI를 통해 팬데믹 대응, 질병 확산 예측, 의료 자원 배분 최적화 등을 실현하고 있다(Chen & Zhang, 2025). 이는 의료 체계의 탄력성을 높이고, 긴급 상황에서도 지속 가능한 서비스를 제공할 수 있게 한다.

도시 회복 탄력성에도 기여한다. 테헤란 사례 연구에 따르면, AI는 교통, 환경, 긴급 재난 관리 시스템을 통합해 도시의 지속 가능성과 회복 탄력성을 높이는 데 기여하고 있다(Samaei, 2024). 스마트 시티 구축을 통한 회복 탄력성 증진은 도시 거주자의 삶의 질 향상에도 직결된다. 최근의 난제인 기후 변화 대응에서 AI는 에너지 효율 최적화, 농업 생산성 향상, 재난 리스크 예측 등 다양한 방식으로 기후 회복 탄력성 강화에 기여하고 있다(Al-Raeei, 2024). 이는 지속 가능한 사회를 위한 핵심 전략으로 자리 잡고 있다.

이러한 기술 기반 회복 탄력성이 모든 사회 구성원에게 고르게 작동하기 위해서는, 디지털 포용성, 접근성, 공정성을 반드시 고려해야 한다. 미수라카와 비스쿠시(Misuraca & Viscusi, 2020)는 AI 시스템이 사회적 약자나 디지털 소외 계층에게도 실질적 혜택을 제공할 수 있어야 함을 강조한다. 또한 부정확하거나 편향된 데이터는 잘못된 예측을 초래할 수 있어 고품질 데이터 확보와 지속적인 데이터 갱신이 필요하다. 또한 AI 알고리즘의 투명성 부족도 해결해야 한다. AI의 의사 결정 과정을 이해하고 설명할 수 있는 '설명 가능한 AI(explainable AI)' 개발이 필수적이다.

AI 기반 회복 탄력성은 미래 사회의 핵심 인프라로 부상하고 있으며, 기술적 효율성만이 아니라 사회적 포용성과 윤리적 책임성을 함께 고려해야 지속 가능한 발전을 이룰 수 있다. 이를 위해 다양한 이해관계자 간 협력, 데이터 거버넌스 체계 구축, 설명 가능한 AI 개발, 디지털 포용성 강화 등 다차원적 노력이 요구된다.

지역 공동체 AI 거버넌스의 실천적 제언

AI는 더 이상 국가 산업 경쟁력, 글로벌 기술 규범의 수준에 머무르지 않는다. AI는 점점 더 지역 공동체의 일상, 민주주의 실천, 공공 서비스 구조에 깊숙이 개입하며, 지역 단위의 삶을 재구성하는 핵심 동력으로 작용하고 있다. 이러한 변화는 지역의 사회적 실천 역량과 제도적 대응 능력을 중심으로 한 다층적 접근을 요구한다. 특히 지방 정부와 시민 사회가 주체가 되는 지역 기반 AI

연구와 실천은 공공성을 내포한 기술 활용 방식의 제도화를 가능케 한다.

이러한 흐름 속에서 최근 주목받고 있는 개념이 바로 'AI 로컬리즘'이다. 이는 AI의 설계, 규제, 활용을 국가 중심이 아닌 도시 및 지역 단위에서 주민의 필요와 맥락에 맞춰 자율적으로 결정하자는 움직임을 말한다. 다시 말해, 지방 정부와 지역 공동체가 조례 제정, 윤리 가이드라인 수립, 교육 프로그램 운영 등을 통해 AI를 지역 문제 해결과 시민 권익 보호에 적합하도록 조정 · 감독하는 '분권형 AI 거버넌스' 모델이 그 핵심이다(Verhulst & Sloane, 2020).

특히, AI 로컬리즘은 지역 사회가 직면한 감시 기술 확산, 행정의 자동화, 알고리즘 불투명성 등의 문제에 민감하게 대응할 수 있는 실천적 틀로 기능한다(Marcucci et al., 2022). 이 접근은 지역의 특수성과 맥락을 반영한 '맞춤형 기술 통치'로, 기술의 도입 속도뿐 아니라 그 정당성과 사회적 수용성까지 아우르는 전략이다.

실제로 뉴욕시, 몬트리올, 암스테르담, 바르셀로나 등은 AI 윤리 가이드라인 제정, 알고리즘 공개 의무화, 시민 패널 운영 등 구체적인 제도적 장치를 마련하며, 지역 수준에서 기술 통치 모델을 실현하고 있다(Marcucci et al., 2022). 이러한 모델은 시민 참여와 투명성 기반의 '지역 실험형 AI 거버넌스'로 주목받고 있다.

이러한 세계적 흐름은 미국 스탠퍼드대학의 AI 100 프로젝트가 제시한 장기 전략과도 맞닿아 있다. AI 100 보고서는 AI의 향후 20년 발전 방향을 기술적 진보에 한정하지 않고, 지역 사회 단위에서의 신뢰, 설명 가능성, 공공성과의 통합을 핵심 과제로 설정한다(Gil & Selman, 2021). 특히 "AI는 민주주의적 지형 속에서 어떻게 실천될 수 있는가?"라는 질문은 지역 기반 거버넌스 없이는 해답을 얻을 수 없다는 점을 강조한다.

그런데도 AI의 사회적 적용이 여전히 효율성 중심의 기술적 진보 담론에 머무는 경우가 많다. 그러나 AI는 편향된 알고리즘, 불투명한 의사 결정, 책임 회피 등 새로운 유형의 위험을 동반하며, 이는 윤리적 · 제도적 대응을 요구하는 공공 문제다. 이에 따라 AI 100 보고서는 "AI 윤리는 기술 설계 초기 단계부터 통합되어야 하며, 전문가만이 아닌 지역 사회 구성원의 참여를 통해 보완되어야 한다"고 명시한다(Gil & Selman, 2021). 이를 구체화하기 위해 보고서는 공개성(Publicity), 책임성(Accountability), 비차별성(Fairness)이라는 원칙이 지역 단위의 제도 설계에 통합되어야 함을 강조한다

(Marcucci et al., 2022).

그러나 이 같은 윤리적 원칙과 제도적 대응도 지역 주민의 AI 리터러시 역량 없이는 제대로 작동할 수 없다. 시민이 기술 소비자로 그치는 게 아니라, 그 의미를 이해하고 비판적으로 해석하며, 공공의 기술 정책에 개입할 수 있는 주체가 될 수 있어야 한다. 즉, AI 리터러시는 오늘날 디지털 민주주의 시대의 핵심 시민 역량으로 부상하고 있다. 사례로, 시카고시는 공동체 기반 시민 교육 프로그램과 공공 기술 실험 프로젝트를 병행하며 AI 정책을 운용하고 있다. 이는 AI를 도입 대상이 아니라, 공공 통제와 학습의 주제로 인식하는 실천형 전략으로 평가된다.

AI는 지역 공동체를 위한 도구가 될 수도 있고, 감시와 배제의 수단이 될 수도 있는 이중적 성격을 지닌다. 따라서 향후 AI를 둘러싼 지역 사회의 대응은 가치 기반 설계, 공동체 참여, 제도적 책임 구조 형성이라는 관점에서 '기술 민주주의의 실험장'이 되어야 한다. 디지털 기술이 공공성을 획득하기 위해서는 기술만이 아닌, 제도와 시민의 역량이 함께 작동하는 다층적 거버넌스가 필수적이다.

AI와 지역 공동체의 과제와 전망

AI는 기술의 도입과 활용에서 지역 공동체의 가치와 작동 원리 자체를 재설계해야 하는 과제로 확장되고 있다. 특히 AI는 주민의 행정 참여 방식, 지역 미디어 소비·생산 구조, 공공 서비스 인식 등 다양한 생활 영역에서의 변화를 촉진하고 있으며, 이를 통해 공동체성의 개념 자체가 전환점에 직면하고 있다.

이러한 맥락에서 지역 공동체는 기술의 사회적 맥락을 해석하고 실천하는 형성자이자 주체로 나서야 한다. AI 기반의 지역 사회 혁신은 바로 이 지점에서 출발해야 한다. 지역 공동체가 기술 변화의 흐름을 받아들이는 수혜자가 아니라, 정책과 실천을 주도하는 설계자로 기능할 수 있어야 한다(Gil & Selman, 2021). 이러한 역할 전환을 실현하기 위해서는 지역 공동체가 기술적 변화에 대응하는 단계에서 기술과 공동체 간의 관계를 재구성하는 실천적 전략을 구체화할 필요가 있다.

첫째, 지역 중심 AI 연구 센터의 설립이 시급하다. AI를 지역 문제 해결에 효과적으로 적용하기 위해서는 정책 실험과 실증적 분석이 가능한 테스트 베드 기반의 연구 플랫폼이 필수적이다. 이를 위해 지방 정부, 지역 대학, 시민 사회단체가 협력적 거버넌스 체계를 구축하고,

지역 특화형 AI 기술의 연구 · 개발 · 적용 역량을 체계적으로 축적해야 한다(Koskimies & Kinder, 2024). 이러한 센터는 지역 AI 생태계의 중추 역할을 수행하며, 지역 주도의 기술 실천이 가능하도록 돕는다.

둘째, 공공 데이터 공유를 위한 인프라 구축이 중요하다. AI 시스템의 효과적 활용은 신뢰할 수 있는 데이터 기반 위에서만 가능하다. 이는 곧 지역 내 다양한 이해관계자 간의 데이터 협업 체계 마련이 핵심 과제가 됨을 의미한다. 파머 등(Farmer et al., 2023)은 지역 비영리 부문 데이터 프로젝트 분석을 통해 데이터 공유는 정보 교환을 넘어서 사회적 신뢰 형성과 공동 문제 해결의 기반이 될 수 있다고 강조한다. 데이터는 AI의 '연료'이자, 지역 공동체를 연결하는 '신뢰의 매개'가 되어야 한다.

셋째, AI 윤리 가이드라인의 제정이 절실하다. AI는 효율성과 자동화를 가능하게 하지만, 동시에 프라이버시 침해, 알고리즘 편향, 책임 회피와 같은 윤리적 위험을 동반한다. 따라서 지역 실정에 맞는 윤리적 기준과 평가 절차를 수립하고, 알고리즘의 작동 방식에 대한 투명성을 확보해야 한다. 아울러 시민 참여 기반의 점검 체계를 마련함으로써 기술의 책임성과 수용성을 높여야 한다. 이는 공공 신뢰를 확보하고 민주적 기술 거버넌스를 실현하는 핵심 조건이 된다(Verhulst & Sloane, 2020).

넷째, 지역 기반 AI 리터러시 교육 개발과 실행이 필요하다. 기술적 투명성과 공적 통제는 시민의 이해와 역량이 뒷받침되어야 실질적으로 작동할 수 있다. AI 100 보고서는 AI 리터러시는 모든 시민이 갖추어야 할 디지털 시대의 공적 소양이라고 강조한다(Gil & Selman, 2021). 따라서 지역 사회 구성원을 수동적 수용자에서 적극적 감시자이자 참여자로 전환할 수 있는 교육 과정이 필수적이다. 이는 기술 민주주의의 전제 조건이자, 지속 가능한 지역 거버넌스의 기반이 된다.

다섯째, 책임 있는 AI 거버넌스 모델의 구축이 필요하다. AI는 지역 사회와 시민의 삶에 직접적인 영향을 미치는 만큼 공청회, 시민 패널, 알고리즘 검토 위원회와 같은 민주적 의사 결정 절차와 기술적 정당성을 연결하는 제도 구조가 필요하다. 특히 AI를 '공공재(commons)'로 간주하는 관점에서 거버넌스 구조를 설계해야, 지역의 신뢰와 수용성을 확보할 수 있다(Marcucci et al., 2022). 이는 기술의 사유화나 중앙 집중적 통제에 대한 견제 수단이자, 지역 주권 기반 기술 통치의 토대가 된다.

AI와 지역 공동체의 미래는 아직 완성되지 않은 열린 담론의 장이며, 그 전개는 기술 그 자체보다 기술을 둘러싼 사회적 선택과 실천의 방식에 달려 있다. AI는 중립적 도구가 아니라, 특정한 사회적 · 정치적 조건 아래에서 설계되고 운용되는 제도적 산물이다(Crawford, 2021). 따라서 진정한 핵심 질문은 "AI가 누구를 위해, 어떤 원칙에 따라, 누구에 의해 설계되고 작동하는가?"다.

이러한 맥락에서 지역 공동체는 AI 기술이 적용되는 사회적 구조와 문화적 맥락을 공동 설계할 책임을 진다. 기술은 목적이 아니라 공공의 문제를 해결하기 위한 수단이며, 그 정당성과 효과는 누가 참여하고, 어떤 가치 기준에 따라 운영되며, 공동체 내부에서 어떻게 신뢰를 획득하느냐에 달려 있다. 결국 AI를 지역 사회에 도입하는 과정은 기술 수용과 확산이 아니라 시민의 집합적 의지, 참여 기반 거버넌스, 그리고 공동의 윤리적 기준에 따라 조율되는 사회적 실천 과정이다. 이 속에서 기술의 역할은 도구적 수단으로 한정해 하며, 그 활용 방식과 범위는 지역 주민의 참여와 숙의를 통해 공동 결정해야 한다.

참고문헌

Al-Raeei, M.(2024). Artificial intelligence for climate resilience: Advancing sustainable goals in SDGs 11 and 13 and its relationship to pandemics. *Discover Sustainability, 5*, 513. https://doi.org/10.1007/s43621-024-00775-5

Bender, S. M.(2023). Coexistence and creativity: Screen media education in the age of artificial intelligence content generators. *Media Practice and Education, 24*(4), pp.351~366.

Bogonikolos, N. & Papakonstantinidis, L.(2024). AI in Local Development: Enhancing Community Growth and Social Cohesion through Self-Organization. *Journal of Business Theory and Practice, 12*(4), pp.73~88.

Challoumis, C.(2024). Harnessing AI for Economic Growth: Strategies for Job Creation in a Tech-Driven World. *XIX International Scientific Conference.* https://www.researchgate.net/publication/387399099

Chen, E. & Zhang, H.(2025). Research on the impact of artificial intelligence technology on urban public health resilience. *Frontiers in Public Health, 12*, 1506930. https://doi.org/10.3389/fpubh.2024.1506930

Crawford, K.(2021). *Atlas of AI: Power, Politics, and the Planetary Costs of Artificial Intelligence.* Yale University Press.

Diehr, J. et al.(2025). Artificial intelligence and machine learning-powered GIS for proactive disaster resilience in a changing climate. *Annals of GIS.* https://doi.org/10.1080/19475683.2025.2473596

Farmer, J. et al.(2023). *Data for social good: Non-profit sector data projects.* Springer.

Gil, Y. & Selman, B.(2021). *A 20-Year Community Roadmap for Artificial Intelligence Research in the US.* Stanford University.

https://ai100.stanford.edu

Koskimies, E. & Kinder, T.(2024). *Mutuality in AI-enabled new public service solutions.* Faculty of Management and Business, Tampere University.

Madden, F.(2004). Creating Coexistence between Humans and Wildlife: Global Perspectives. *Human Dimensions of Wildlife, 9*, pp.247~257.

Marcucci, S. et al.(2022). *AI Localism in Practice: Examining How Cities Govern AI.* The GovLab. https://ssrn.com/abstract=4284013

Misuraca, G. & Viscusi, G.(2020). AI-Enabled Innovation in the Public Sector: A Framework for Digital Governance and Resilience. In *Proceedings of the 19th International Conference on Electronic Government(EGOV)*(pp.110~120). https://doi.org/10.1007/978-3-030-57599-1_9

Rane, N. L. et al.(2024). Artificial intelligence for enhancing resilience. *Journal of Applied Artificial Intelligence, 5*(2), pp.1~33.

Samaei, S. R.(2024). *Using Artificial Intelligence to Increase Urban Resilience: A Case Study of Tehran.* Conference Paper. https://www.researchgate.net/publication/377443501

Verhulst, S. & Sloane, M.(2020). *AI localism: Situating digital self-determination.* The GovLab.

정용복

한양대학교에서 커뮤니케이션 · 저널리즘 전공으로 박사 학위를 받았다. 일간 신문과 뉴스 통신사에서 기자로 활동한 뒤, 제주대학교에서 교육과 연구를 하고 있다. 현재 한국방송학회 지역방송연구회장, 한국정치커뮤니케이션학회 연구이사, 언론인권센터 지역협력위원장, 《언론과학연구》 편집위원, 제주언론학회 부회장, 제주언론인클럽 사무처장, 제주대학교 총동창회보 편집위원장 등 다양한 학술 및 지역 네트워크 활동을 수행하고 있다. 저 · 역서로는 《What is Digital Journalism Studies?》, 《AI 미디어 리터러시 교육》, 《제주 언론인의 기억》, 《대학미디어》 등이 있으며, "Comparing family members' expressions of grief to that of reporters"를 포함해 30여 편의 학술 논문을 발표했다. 한국지역언론학회 학술상(2020, 2022), 제주언론학술상 학술대상(2022, 2025), 4 · 3 학술연구논문 우수상(2018), 한국언론학회 신진학자 우수논문상(2014) 등을 수상했다. 주요 연구 분야는 디지털 저널리즘과 미디어 커뮤니케이션, AI 로컬리즘과 공동체 담론, AI · 디지털 리터러시와 시민성으로, 기술 · 사회 · 가치를 잇는 사회과학 기반 융합 연구를 실천하고 있다.